CONRAD DE MEESTER

MIT LEEREN HÄNDEN

Die Botschaft der Thérèse von Lisieux

Deutsche Ausgabe vorbereitet
von Sr. Ancilla Karl OCD
und P. Antonio Sagardoy OCD

Französische Originalausgabe:

Père Conrad De Meester, Carme
Les Mains vides
(le message de Thérèse de Lisieux)
nouvelle édition

erschienen 1994 bei CERF
29, boulevard Latour-Maubourg, Paris

1. Auflage 1995
Verlag: Christliche Innerlichkeit
1190 Wien, Silbergasse 35
Druck: Landesverlag Druckservice Linz

ISBN 3-9500317-3-1

Überblick

Vorwort

Einleitung 9
1. Kapitel: Die Liebe ruft 13
2. Kapitel: Ich selbst schaffe es nicht 36
3. Kapitel: Leere Hände für die barmherzige Liebe 75
4. Kapitel: In der Nacht des Glaubens 99
5. Kapitel: Meine Berufung ist die Liebe 109
6. Kapitel: Dynamik der Hoffnung 120
7. Kapitel: Euer Leben in dem Meinen 154
8. Kapitel: Die große Vollendung 163

Vorwort

Die hl. Thérèse von Lisieux vorzustellen, ist keine leichte Aufgabe. Denn einerseits ist sie zwar sehr bekannt, andererseits aber ist das Bild, das viele von ihr haben, nicht ganz treffend. Was am Anfang nur ein Unterscheidungsmerkmal sein sollte, wurde mit der Zeit zu einer Verkürzung ihrer Persönlichkeit.

Man wollte sie von der hl Teresa von Avila unterscheiden und so kam man auf das Wort „klein":
kleine Thérèse,
kleiner Weg...

Nicht jeder hat jedoch das Prädikat *klein* richtig verstanden. Es ist nun unser Wunsch, Thérèses Bild von den Akzenten zu befreien, die mit Kitsch, Lebensuntüchtigkeit oder der Vorstellung eines verwöhnten Kindes zu tun haben.

Hinter dem süßen Namen Thérèse steckt ja ein stark geprüfter und gereifter junger Mensch.

Es gibt viele Wege

Manche Menschen sind der Meinung, wichtige, berühmte und gewaltige Schritte machen zu müssen, wenn sie zu Gott kommen wollen. Sehr oft wird aber dabei übersehen, daß nicht die Größe der Schritte entscheidend ist, sondern die Größe der Liebe mit der sie gemacht werden.

Auch kleine, unbedeutsame und monotone Handgriffe des Alltagslebens können von viel Liebe durchdrungen sein... und dadurch bekommen diese Schritte einen großen Wert.

Der Weg zu Gott besteht sowohl aus Schritten, die wir machen, als auch aus Schritten, die Gott auf uns geht und durch die die Entfernung zwischen Ihm und uns verkürzt wird. Bald entdecken wir in den Schriften der Thérèse noch eine dritte Art von Schritten, nämlich jene, die wir auf den Armen Gottes machen, da Er uns ja trägt.

Thérèse bezeugt diese Haltung Gottes. Gott neigt sich uns zu und hebt uns in Seine Arme:

wenn unsere Schritte trotz Bemühung die nächste Stufe der Stiege nicht erreichen;

wenn unsere Kräfte total verbraucht sind;

wenn unsere Versuche keinen sichtbaren Erfolg haben;

wenn unsere Unzulänglichkeit uns auf der Stelle treten läßt.

Die Begegnung mit Thérèse läßt uns zu Zeugen ihrer inneren Wende werden:

- ihr Bild und ihre Vorstellung von Heiligkeit ändern sich. Eines Tages wird ihr klar, daß wir uns den Himmel nicht verdienen müssen... auch wenn dies die geläufige Meinung der Leute ist;

- vieles stirbt in ihrer kindlichen Einstellung, um neu werden zu können. Wir sehen das Sterben mancher Vorstellungen und das Entstehen einer neuen geistigen Kindschaft;

- wie ein roter Faden durchzieht ihr Leben das Wachsen und Reifen des Vertrauens. Zuerst ist es das Vertrauen zu ihrem Vater, nach dem Zusammenbruch des makellosen Bildes ihres Vaters aufgrund seiner Krankheit dann das Vertrauen zum himmlischen Vater;

- ein grenzenloses Vertrauen zu Gott prägt die geistige Botschaft der Heiligen:

Vertrauen zum Vater,

wenn Er auf uns schaut und uns verwöhnt,

wenn Er sich mit uns beschäftigt und uns erzieht,

wenn Er uns strampeln läßt,

wenn Er uns anscheinend vergißt und Momente der Läuterung erleben läßt,

wenn Er auf uns wartet . . .

Mit leeren Händen
Der Titel will uns auf etwas Wesentliches aufmerksam machen.

Vor Gott ist es nicht entscheidend, was wir bringen,
es ist zweitrangig, ob wir viel oder wenig bringen,
denn Gott will uns selbst haben.

Es ist sicher nicht leicht, diesen Gedanken der leeren Hände vor Gott am Sterbebett mit Gelassenheit zu formulieren.

Wenige verstehen die Botschaft dieses kurzen Satzes:
Manche Menschen sehen darin die Tatsache, trotz Bemühung und Anstrengung keine Superleistungen aufweisen zu können. Thérèse erlebt darin eine Befreiung: Der Druck einer religiösen und verkrampften Leistung schwindet, dafür wächst proportional dazu das Vertrauen zu Gott. Auch mit leeren Händen sind wir bei Ihm willkommen.

Mit leeren Händen vor Gott stehen ist für andere Menschen wieder der Ausdruck einer inneren Bereitschaft, sich von Ihm beschenken zu lassen. Es ist ein Zeichen der Offenheit für Gott und Seine Gaben.

Die deutsche Ausgabe
Dieses Buch *Mit leeren Händen* hat in anderen Sprachen ein großes Echo gefunden. Vielen Menschen hat es geholfen, die Persönlichkeit der hl. Thérèse von einer anderen Perspektive zu betrachten.

Die Tatsache der zahlreichen positiven Reaktionen hat uns ermutigt, die deutsche Übersetzung vorzubereiten. Wir hoffen, daß diese Ausgabe ein Beitrag sein wird, den Weg der französischen Karmelitin mit neuen Augen zu sehen.

Manche Zitate aus den Werken Thérèses haben wir in der Formulierung vereinfacht oder bisweilen auch ein wenig aktualisiert, so daß der Inhalt verständlicher wird.

Im Jahr 1996 beginnt das Jubiläumsjahr zu Ehren der hl. Thérèse von Lisieux. Die Feierlichkeiten und Veranstaltungen anläßlich ihres hundertjährigen Todestages wollen die Aktualität der Heiligen in Erinnerung rufen.

Möge die Herausgabe dieser Übersetzung ein Beitrag dazu sein, aus der „kleinen hl. Thérèse" eine „hl. Thérèse" zu machen:

eine, die das Gewöhnliche außergewöhnlich gut macht, ist ja bestimmt keine kleine Heilige.

P. Antonio Sagardoy OCD

Ich habe die Wüste immer geliebt.
Man setzt sich auf eine Sanddüne.
Man sieht nichts. Man hört nichts.
Und währenddessen strahlt etwas in der Stille ...
- Es macht die Wüste schön, sagte der kleine Prinz,
daß sie irgendwo einen Brunnen birgt.

Ich war überrascht, dieses geheimnisvolle Leuchten des
Sandes plötzlich zu verstehen ...
Und während ich so weiterging, entdeckte ich bei Tagesanbruch den Brunnen ...
- Ich habe Durst nach diesem Wasser, sagte der kleine Prinz,
gib mir zu trinken ...
Und ich verstand, was er gesucht hatte!

Ich hob den Kübel an seine Lippen.
Er trank mit geschlossenen Augen.
Das war süß wie ein Fest.
Dieses Wasser war etwas ganz anderes als ein Trunk.
Es war entsprungen aus dem Marsch unter den Sternen ...
Es war gut fürs Herz, wie ein Geschenk.

ANTOINE DE SAINT-EXUPÉRY

Einleitung

Vor hundert Jahren klopfte ein junges Mädchen an die Pforte des Karmel von Lisieux. Es war fünfzehn Jahre alt. Es trat ein - und verließ das Kloster nie mehr. Wozu? Wie würde es sich dort drinnen entwickeln können? Wie konnte es durchhalten? Sein Leben spielte sich innerhalb einiger Quadratmeter ab; aber dennoch wurde es zur Patronin der Weltmission. Es hat nichts Außergewöhnliches vollbracht; doch seine Autobiographie wurde ein Bestseller. Es wollte im verborgenen leben; aber zur Zeit wird es von Millionen von Christen geliebt und angerufen. Sein Einfluß auf Theologie, Mission und Spiritualität sind groß.

Und doch mißt die Zeitspanne zwischen der Geburt von *Thérèse Martin* (Alençon, am 2. Jänner 1873) bis zu ihrem Tod (Karmel von Lisieux, am 30. September 1897) nur vierundzwanzig Jahre und zweihunderteinundsiebzig Tage. Es ist, als ob sie schon in der Wiege heilig gewesen wäre: als ob die wärmenden Sonnenstrahlen bloß in vollem Frieden dieses Leben zum Keimen hätten bringen müssen...

Dem ist jedoch nicht so! Thérèse mußte reif werden - durch viel menschliches Leid und in völliger Verarmung. Nur auf dem Hintergrund ihrer persönlichen Geschichte, mit ihren Krisen, ihren Höhen und Tiefen, erhalten ihre so genialen religiösen Gedankengänge ihre volle Bedeutung. Die tiefe Einfachheit, in die sie alles zu fassen wußte, ist die Frucht einer glühenden Liebe, die mit Phantasie und Kreativität durch tausend Schicksalsschläge hindurch das scheinbar Unvereinbare zustande gebracht hat: ein winzig kleines Geschöpf öffnet sich bedingungslos dem unendlichen Gott...

Diese Tochter eines wohlhabenden Uhrmachers und einer geschickten Spitzenklöpplerin war dazu ausersehen, ganz arm zu werden... Ihre Liebe zu Gott lehrte sie, diese Armut von Ihm anzunehmen. Ihre Tatkraft entsprang der Kraft, die die Gnade ihr schenkte . . .

*

Seit der Veröffentlichung ihrer Autobiographie im Jahr 1898 fand ihre prophetische Mission bei zahllosen Christen enormen Anklang. Pius XI., der sie 1925 heiligsprach, nannte Thérèse „ein Wort Gottes". Inzwischen hat sich ihr Einfluß immer mehr ausgedehnt, hat sich wie der Sauerteig mit dem übrigen Teig vermischt. Und doch zählt Thérèse auch weiterhin zu den größten Leitbildern der zeitgenössischen Spiritualität. Sie fasziniert uns, wenn sie von diesem herrlichen Abenteuer spricht, nach dem jeder Mensch sich sehnt: der Liebe. Mit pädagogischem Feingefühl und wunderbar ausgewählten Bildern versteht sie es, die wesentlichen Linien des christlichen Lebens in unseren Alltag und unsere zwischenmenschlichen Beziehungen hineinzuverweben. Thérèse hebt hervor, daß es möglich ist, in dem je eigenen Milieu ein zutiefst christliches Leben zu führen, und zwar mit den ganz gewöhnlichen, zur Verfügung stehenden Mitteln.

Vor kurzem sagte Dom Helder Camara: Die Heiligkeit, das ist eigentlich der Herr. Er ist es, der uns einlädt, an Seiner Heiligkeit teilzuhaben. Aber die Teilhabe an dieser Heiligkeit bedeutet keinen Ehrentitel oder ein außergewöhnliches Privileg, und noch weniger eine Gnade, die wir Gott erweisen. Nein, sie ist eine Verpflichtung für uns alle, und zwar von dem Augenblick an, wo uns in der Taufe die heiligmachende Gnade geschenkt wurde, diese Gnade, die uns heilig macht.

Gott will uns befreien. Thérèse hat sehr genau verstanden, daß der „Gott der Liebe" (1 Joh 4,7) auch der „Gott der Hoffnung" ist (Röm 15, 13). Sie wurde sich dessen noch besser bewußt, nachdem ihr ursprüngliches Ideal in die Brüche ging, das Ideal des „Selbermachen - Müssens". Ihre Erfahrung ist eine

„Allerweltserfahrung". Jeder will sein Leben meistern und selbst in die Hand nehmen, und viele möchten aufrichtig und treu den Herrn und ihren Nächsten lieben. Aber man stößt so schnell an seine Grenzen. Jedes hochgesteckte Ideal konfrontiert einen sehr schnell mit dem eigenen Unvermögen.

Thérèse lehrt uns, daß wir uns keinesfalls mit unserer Ohnmacht abfinden, sondern auf einen Anderen zugehen sollen, auf Ihn, der viel größer ist und der bereit ist, uns zu helfen. Denn das ist es, was Gott will: sich Seinem Geschöpf zu schenken. Der Gute Hirt selbst geht in die Berge auf die Suche nach dem verlorenen Schaf (Mt 18,12). Wer Gott sucht, wird früher oder später entdecken, daß er Gott nicht aus eigenem erreichen kann, sondern daß er um Ihn voll Ehrfurcht bitten muß, wie um ein Geschenk.

Thérèse ist die Heilige der Hoffnung. Sie zeigt uns, mit welch befreiender Kraft Gott von uns Besitz ergreifen könnte, mit welch befreiender Kraft Er durch uns wirken könnte. Denn Thérèse wurde zu einer Revolutionärin der Liebe, indem sie in ihrer unmittelbaren Umgebung damit begann.

Die jüdische Philosophin, die selige Edith Stein, schrieb einer Freundin, die sich an dem Stil Thérèses stieß: „Es überrascht mich, was Sie mir da über die Kleine Thérèse schreiben. Bisher ist es mir nicht einmal in den Sinn gekommen, daß man sie in dieser Weise sehen könnte. Der einzige Eindruck, den ich von ihr hatte, war, daß ich hier vor mir ein Menschenleben hatte, das einzig und allein, bis zum Ende, völlig von der Gottesliebe durchdrungen war. Ich kenne nichts Größeres, und ich möchte einen Bruchteil davon, soviel wie möglich, in mein eigenes Leben und in das Leben meiner Umgebung übertragen."

*

Von diesem einzigartigen Abenteuer der Thérèse Martin mit Gott wollen wir hier nun sprechen. Vor fünfzehn Jahren erschien die erste Ausgabe dieses Buches unter dem Titel *Les*

Mains vides und griff in anderer Form die wesentlichen Ideen unserer umfangreicheren Studie *Dynamique de la Confiance (Dynamik des Vertrauens)* (Cerf, Kollektion „Cogitatio fidei", Nr. 39) wieder auf. Das Werk wurde gut aufgenommen, und außer einer holländischen und einer französischen Ausgabe erschien es auch auf Englisch, Spanisch, Portugiesisch, Japanisch, Italienisch, Indonesisch, Kroatisch, Koreanisch und Schwedisch.

Innerhalb dieser fünfzehn Jahre erschien nun die kritische Gesamtausgabe der Werke Thérèses, die uns eine Fülle neuer Informationen brachte. Auch andere Veröffentlichungen über Thérèse fanden in der Meinung der Öffentlichkeit ihren Niederschlag. Die gegenwärtige Ausgabe wurde vollkommen neu verfaßt. Wir wollten die neuen Informationen mit hinein verarbeiten; auch sind wir in manchen unserer Anschauungen gereift; wir haben Thérèses Psychologie besser studiert, den Einfluß ihres familiären Umfelds, die Entwicklung ihres Glaubens, ihre Beziehungen zu ihren Mitmenschen, ihr Gebet.

Und wir wagen zu hoffen, daß der eine oder andere Gottsucher in diesem Werk ein wenig Licht für seinen Weg findet und daß er, wie Thérèse, die Freude des Liebens und des Geliebtwerdens erfährt.

So werden wir, ohne einander zu kennen, zu Freunden werden.

*

Abkürzungen und Zitate
A, B, C - bezieht sich auf die Manuskripte A, B, C aus: Thérèse von Lisieux, Selbstbiographie, Johannes Verlag
S - Selbstbiographie, Johannes Verlag.
G - Gedichte
IGL - Thérèse Martin, Ich gehe ins Leben, Johannes Verlag.
MST - Céline Martin, Meine Schwester Thérèse, Verlag Herold.
Briefe der heiligen Thérèse von Lisieux, Johannes Verlag.
Glaubensverkündigung für Erwachsene, Deutsche Ausgabe des Holländischen Katechismus, Verlag Herder.
Johannes vom Kreuz, Geistlicher Gesang, Theatiner Verlag München, 1925, (Übers. P. Aloysius ab immaculata Conceptione).
Ernst Gutting, Nur die Liebe zählt, Johannes Verlag.

Erstes Kapitel

DIE LIEBE RUFT

Thérèse Martin.
Knapp fünfzehn Jahre alt. Ein Mädchen voller Leben und dazu ungewöhnlich intelligent. Sie liebt alles Schöne, alles Lebendige. Sie ist für die Freundschaft offen und fühlt sich gedrängt, einem Ideal, das sie in aller Freiheit gewählt hat, zu folgen. Sie erinnert an eine Knospe auf der Wasseroberfläche, die uns durch ihre Frische und durch das Versprechen, das sie in sich trägt, fesselt.

Dazu kann sich Thérèse in finanzieller Hinsicht einiges leisten. Ihre Familie ist wohlhabend; die Geschäfte gehen gut! Sie wohnt in einem schönen Haus, sie kann reisen und blieb nicht unbemerkt bei ihrem Eintritt in die Welt ihrer kleinen Stadt: Lisieux!

Wir erfreuten uns des angenehmsten Lebens, das junge Mädchen sich erträumen können; alles um uns herum entsprach unserem Geschmack, man gewährte uns die größte Freiheit, kurz, ich sagte, unser Leben sei der Inbegriff des Glücks auf Erden (A 106).

Morgenröte

Thérèse hat einen umgänglichen Charakter, aber sie war nicht immer so. Ihre Mutter starb an Krebs, als Thérèse gerade vier Jahre und acht Monate alt war. Also in einem sehr kritischen Moment in der psychologischen Entwicklung eines Kindes. Die affektive Beziehung zwischen Thérèse und ihrer Mutter war sehr glücklich. Als der Tod dem ein plötzliches Ende setzte, verlor das Kind diese warmherzige Zärtlichkeit, die es noch so sehr brauchte. Dem konnte niemand wirklich abhelfen. Sie wurde schüchtern, überempfindlich und verletzlich.

Nur in dem schützenden Nest der „Buissonnets" fühlte sie sich noch sicher.

Als Kind wurde Thérèse also schwer beeinträchtigt. Sie begann unbewußt mit einem Strom von Tränen nach Mitleid zu heischen. Und wieviel sie geweint hat . . .

Meine übergroße Empfindlichkeit machte mich wirklich unausstehlich, schrieb sie streng über sich selbst, *und wenn ich mich endlich über die Sache selbst zu trösten begann, weinte ich darüber, geweint zu haben* (A 93).

Thérèse war hoffnungslos auf sich selbst bezogen. Sie litt furchtbar darunter. Sie, die so reiche Möglichkeiten in sich selber hatte und doch nicht das Mittel fand, sie zur Entfaltung zu bringen . . .

Dank ihrem - zunächst vergeblichen, aber beharrlichen - Bemühen, ihre Charakterfehler auszumerzen, bekommt sie mit der Zeit und unmerklich einen eisernen Willen. Später wird dann Thérèse niemals mehr der Versuchung erliegen, etwas, das sie sich einmal vorgenommen hat, vorschnell wieder aufzugeben!

Am Weihnachtstag 1886 wird alles anders. Die Familie kehrt aus der Christmette zurück. Ihr sonst allzeit liebenswürdiger Papa ist müde. In einem Anflug von schlechter Laune macht er eine Bemerkung darüber, daß Thérèse noch immer eine so kindliche Freude daran hat, ihre Schuhe in den Kamin zu stellen. „Naja, glücklicherweise ist dies das letzte Jahr . . .", sagt er gereizt.

So etwas ist Thérèse bei ihrem Vater noch nie passiert. Er war immer so lieb und zuvorkommend: ein heller Spiegel, in dem sie sich getreulich erkennen konnte. Plötzlich durchzieht diesen Spiegel ein Sprung, und Thérèse erkennt ihr Antlitz verzerrt. Papa ist nicht mehr das geduldige Spiegelbild, sondern ein herber Widerstand.

Auf einmal begreift Thérèse, genauer und klarer als zuvor, daß es nun höchste Zeit ist, die „Windeln der Kindheit" hinter sich zu lassen. Sie hat es schon so oft versucht. Aber diesmal gelingt es ihr! Die Tränen waren ihr wie immer in die Augen gestiegen, aber zum ersten Mal in ihrem Leben meistert sie wirklich eine schwierige Situation und hält ihre Tränen zurück. Sie erfährt, wie sie „in einem Augenblick gewachsen ist", wie sie plötzlich „stark und mutig" wurde (A 95).

Thérèse schreibt dieses kleine Wunder dem Kind in der Krippe zu, diesem Jesus, den sie soeben in der Kommunion empfangen hat.

Jesus verwandelte die Nacht meiner Seele in einen Strom des Lichtes... Seit jener gesegneten Nacht unterlag ich in keinem Kampf mehr, sondern schritt, ganz im Gegenteil, von Sieg zu Sieg vorwärts.

Die Kraft Gottes nimmt ihre Seele in Besitz. Alle früheren vergeblichen Anstrengungen verwandeln sich nun in einen dauernden Zustand der Kraft. Thérèse nennt das Ereignis von Weihnachten 1886 „die Gnade ihrer vollkommenen Bekehrung".

Nun ist es vorbei mit der fast krankhaften Beschäftigung mit sich selbst! Vorbei der „enge Kreis, in dem ich mich drehte, ohne zu wissen, wie ich ihm entkommen sollte!" (A 99). Thérèse holt schnell auf. Nun beginnt „der dritte Abschnitt meines Lebens, der schönste von allen" (A 96). Beinahe schonungslos öffnet sich für das vierzehnjährige Mädchen das Tor zum Leben, und es entdeckt eine Welt, die darauf wartet, erforscht zu werden. Nun, da sie von ihrer Überempfindlichkeit befreit ist, begeistert sie sich für alles, was außerhalb ihrer selbst liegt: Studium, Reisen, Freundschaft, all diese ungeheuren Möglichkeiten!

*

Was geht im Herzen dieser Jugendlichen vor, die um so vieles reifer ist als ihre Altersgenossinnen? Was sich hier abspielt, ist nicht alltäglich. Ja sogar den ersten Reaktionen von jemandem, der gerade das Leben entdeckt, entgegengesetzt. Normalerweise wird man von allem und nichts gefesselt, alles erscheint wichtig. Bei Thérèse relativieren sich viele Dinge. Die Öffnung ihres tiefsten Wesens ist nicht länger richtungslos. Alles ist bereits auf einen Punkt hin ausgerichtet, dem sie einen absoluten Wert zuweist. Sie hat ihre Mitte gefunden; ihr Herz ist von einer einzigen und beständigen Liebe gefangen genommen. Wenn man sie mit anderen Jugendlichen vergleicht, so hat die Frühreife ihrer Liebe etwas Besonderes an sich: es ist bereits eine endgültige Liebe. Aber etwas hat sie mit allen anderen Jugendlichen gemeinsam: sie träumt einen Traum, der keine Grenzen hat.

Das Ideal, von dem die jüngste der fünf Martin-Töchter ergriffen ist, ist weder eine Ideologie noch ein Gegenstand. Es ist ein menschliches Wesen, das allerdings anders ist als die anderen. Sie möchte Jesus über alles lieben. Das Leben ist ein Geschenk Jesu, das für Ihn eingesetzt werden muß. Thérèse weiß sich von einer schöpferischen Liebe gerufen und möchte darauf mit der völligen Hingabe ihrer selbst antworten.

Für Thérèse ist Jesus nicht bloß eine historische Persönlichkeit, in weiter Ferne und aus grauer Vorzeit. Er ist jetzt gegenwärtig, Er liebt sie jetzt, Er ist ganz nahe. Später wird sie nie viel über die Auferstehung Jesu schreiben: für sie ist es offensichtlich, daß Jesus lebt, daß Er gegenwärtig ist; man spricht ja auch nicht von der Luft, die man jeden Augenblick einatmet. Er ist ihr „göttliches Umfeld". Überall findet sie Seine Spur. Für Thérèse ist die Welt durchscheinend und klar: das Universum des Viel-Geliebten.

Wenn sie von jener frühlingshaften Periode spricht, dann zitiert sie das Gedicht *Es war in dunkler Nacht* des heiligen Johannes vom Kreuz, das zeigt, wie die Liebe den ganzen Weg beleuchtet.

Ich hatte weder Führer noch Licht,
außer dem einen in meinem Herzen,
dieses Licht leitete mich sicherer

als das des Mittags zur Stätte, wo der auf mich wartete, der mich vollkommen kennt.

Der Weg, den ich wandelte, war so gerade, so voller Licht, daß ich keinen anderen Führer brauchte als Jesus . . . Er wollte in mir Seine Barmherzigkeit aufbrechen lassen; weil ich klein und schwach war, ließ Er sich zu mir herab und unterwies mich im geheimen in den Dingen der Liebe (A 104).

Thérèse begreift, daß *Gott* sie zu lieben lehrt und daß Er sie mit dem Geschenk Seiner Liebe überschüttet. Die altehrwürdige Bibel wird zu einer neuen, lebendigen und persönlichen Erfahrung. Sie wendet auf sich selbst das Wort des Propheten Ezechiel an:
Als Jesus an mir vorüberging, sah Er, daß für mich die Zeit gekommen war, geliebt zu werden. Er schloß einen Bund mit mir, und ich wurde Sein . . . Er breitete Seinen Mantel über mich (A 100).

Thérèse kann sich ihre Zukunft noch aussuchen und ist doch gleichzeitig nicht mehr frei. Sie hat begriffen, daß ihr Leben sich unter dem Zeichen Jesu abspielen wird. Darin wird alles beschlossen sein.

*

Wir können die innere Entwicklung Thérèses nicht in eine Reihe stellen mit der anderer junger Christen ihres Alters. Denn nach Gottes Willen sollte Thérèse ein Leitbild für viele andere sein. Sie hat sehr früh begonnen, ein intensives christliches Leben zu führen. Als sie die Heiligkeit zu ihrem Ideal erwählt, ist sie kaum neun Jahre alt. Wenig später wird sie sich dessen bewußt, daß sie, um diese zu erwerben, viel leiden wird müssen. Und sie nimmt es an. In ihrer Radikalität „wählt sie alles" und „will nicht eine halbe Heilige sein" (A 23).

Bei ihrer Erstkommunion erfährt sie die Begegnung mit dem Herrn als *ein Aufgehen ineinander, sie waren nicht mehr zwei, Thérèse war verschwunden, wie der Wassertropfen, der sich im weiten Meer verliert. Jesus allein blieb, Er war der Herr, der König* (A 73).

Unter dem Einfluß tief erlebter eucharistischer Gnaden nimmt ihre Liebe zum Leiden zu.

Das Leid braucht sie nicht zu suchen. Es ist eine Wirklichkeit in ihrem Leben. Mit zwölf, dreizehn Jahren leidet Thérèse während eineinhalb Jahren unaufhörlich unter schlimmen Zweifeln in bezug auf den moralischen Wert ihrer Taten. Sie denkt ständig, daß sie sündigt. In der Schule hat ein strenger Katechismusunterricht eine verheerende Rolle gespielt. So schreibt Thérèse die vier Predigten des Pater Domin mit, die dieser den Kindern während der Vorbereitungsexerzitien zu ihrer Erstkommunion gehalten hat: dabei geht es um die Rechenschaft, die Gott einmal von uns fordern wird, um den Tod, die Hölle und die unwürdig empfangene Erstkommunion . . . Glücklicherweise stirbt zu diesem Zeitpunkt die Superiorin der Schule, und der Priester kann seine Unterweisung nicht fortsetzen.

Und ständig kommt dazu die demütigende Ohnmacht ihrer Überempfindlichkeit! Bis Weihnachten 1886, wie wir bereits erwähnten. Die Erfahrung zunächst ihrer eigenen Armseligkeit und dann die der befreienden Barmherzigkeit Gottes ist sehr tief. Thérèse stellt fest, daß ihre eigenen Bemühungen und das unerwartete Resultat in keinem Verhältnis zueinander stehen.

In einem einzigen Augenblick hatte Jesus vollbracht, was mir in zehnjähriger Anstrengung nicht gelungen war, Er begnügte sich mit meinem guten Willen, an dem es mir nie fehlte (A 96).

Ich mußte mir diese unschätzbare Gnade gewissermaßen durch meine Sehnsucht danach erkaufen (A 91).

Nun, da Thérèse vom Druck ihrer Unsicherheit und ihrer Überempfindlichkeit befreit ist, wird sie von ihrer Psychologie

her befähigt, ihrem Nächsten viel Aufmerksamkeit zuzuwenden. Sie faßt diese ihre Entdeckung folgendermaßen zusammen:
Ich fühlte die Liebe in mein Herz einziehen, das Bedürfnis, mich selbst zu vergessen, um anderen Freude zu machen, und von da an war ich glücklich (A 97).

Sechs Monate später bekommt sie ein Buch von Arminjon in die Hände. Sie verschlingt es förmlich, läßt sich von ihm mitreißen.
Diese Lektüre gehört auch zu den größten Gnaden meines Lebens. Ich saß dabei am Fenster meines Studierzimmers, und der Eindruck, den ich im Gedenken daran empfinde, ist zu innerlich und zu zart, als daß ich ihn wiedergeben könnte . . .
Alle großen Wahrheiten der Religion, die Geheimnisse der Ewigkeit tauchten meine Seele in ein überirdisches Glück . . . . Ich empfand schon im voraus, was Gott denen vorbehält, die Ihn lieben (nicht mit dem leiblichen Auge, sondern mit dem des Herzens), und da ich sah, daß die ewigen Belohnungen in keinem Verhältnis stehen zu den geringen Opfern des Lebens, wollte ich lieben, Jesus mit Leidenschaft lieben, Ihm tausend Zeichen der Liebe geben, solange ich es noch vermochte . . .
(A 101).

Welches Glück bedeutet es für Thérèse, frei über diese Dinge sprechen zu können! Erst im Sprechen erhellen sich für sie die neuen Erkenntnisse und entfachen in ihrem Herzen eine noch tiefere Begeisterung. Ihre Gesprächspartnerin ist Céline, ihre um vier Jahre ältere Schwester. Céline ist aber mehr als eine Schwester, Thérèse nennt sie ihr „zweites Selbst" (Brief 90). Bei ihr wird Thérèse ganz sie selbst. Ganz so wie im Gebet.
Céline war die innige Vertraute meiner Gedanken geworden . . . Jesus ließ uns der Seele nach Schwestern werden . . . Die Funken der Liebe, die Er mit vollen Händen in unsere Seelen streute, der köstliche und starke Wein, den Er uns zu trinken gab, ließen die vergänglichen Dinge vor unseren Augen ent-

schwinden, und unseren Lippen entströmte ein Hauch der Liebe, die Er in uns weckte. Wie lieblich waren die Gespräche, die wir jeden Abend im Belvedere führten! . . . Mir scheint, wir erhielten Gnaden von so hohem Range, wie sie den großen Heiligen zuteil werden . . . Wie zart und durchsichtig war der Schleier, der Jesus unseren Blicken verbarg! . . . Ein Zweifel war nicht möglich, schon waren Glaube und Hoffnung nicht mehr nötig, die Liebe ließ uns Jenen, den wir suchten, auf Erden finden. „Da wir Ihn einsam gefunden, schenkte Er uns Seinen Kuß, damit niemand uns künftig verachte" . . . (vgl. Hld 8,1). (A 102-103).

Der Ruf

Als Thérèse zur Frau heranwächst, weiß sie, daß sie sich einzig und allein für Jesus bewahren will. Eines Sonntags fällt ihr Blick nach der heiligen Messe auf ein Bild Jesu, wie Er am Kreuz hängt. Und sogleich ist sie beim Anblick des Blutes, das von der Hand des Gekreuzigten herabrinnt, zutiefst bewegt. Dieser Anblick erweckt in ihr den brennenden Wunsch, am Erlösungswerk Jesu teilzuhaben, für das Heil derer, für die Er Sein Leben hingibt. Unentwegt hört sie Seinen Schrei am Kreuz: „Mich dürstet."

Seit dieser einzigartigen Gnade wuchs meine Sehnsucht, Seelen zu retten, jeden Tag; mir war, als hörte ich Jesus wie zu der Samariterin zu mir sagen: „Gib mir zu trinken!" Es war ein wahrer Austausch an Liebe; den Seelen gab ich das Blut Jesu, und Jesus bot ich eben diese vom Göttlichen Tau erquickten Seelen an; so glaubte ich Seinen Durst zu stillen, und je mehr ich Ihm zu trinken gab, desto größer wurde der Durst meiner armen kleinen Seele, und diesen brennenden Durst gab Er mir als den köstlichsten Trank Seiner Liebe . . . (A 99).

Nun, da sie vielen Leuten begegnet, wächst die kontemplative Dimension ihres Lebens sprunghaft, selbst in ihrer Art, die

Menschen zu sehen. Alles bei ihr strebt in eine einzige Richtung: Jesus. In allen ist Er es, den sie liebt; in Ihm liebt sie alle; allen will sie Jesus schenken. In ihrer persönlichen Berufung heißt geschwisterliche Liebe: den Menschen helfen, Gott näher zu kommen.

Das missionarische Apostolat zieht sie stark an. Aber nach sorgfältiger Überlegung findet die künftige Patronin der Mission für sich selbst ein betendes Leben im Karmel fruchtbringender, um dort drinnen ihre Mission leben zu können. Sie glaubt, daß sie sich dort noch mehr für die Kirche hingeben kann, *dort, in der Eintönigkeit eines strengen Lebens* (MST 124), *ohne je die Frucht ihrer Mühen sehen zu können* (MST 166).

Das ist weder Weltflucht noch Verrat am Menschen. Thérèse möchte die ganze Welt mit sich in den kleinen Karmel ihrer Stadt mitnehmen, wie in eine Werkstatt, wo sie für die *Seele* der Menschheit arbeiten wird. Sie betrachtet die Welt mit dem göttlichen Blick der Liebe Jesu. Mit demselben Eifer möchte sie für die Heiligung des Namens Gottes beten, und daß Sein Reich zu uns komme. Dies wird ihre Art sein, für die Befreiung jedes einzelnen zu arbeiten.

Als sie in den Karmel eintritt, scheint es, daß ihr Ehrgeiz vor allem ein soziales Ziel vor Augen hat: *Ich bin gekommen, um die Seelen zu retten, und besonders um für die Priester zu beten* (A 153).

„Seelen" bedeutet „Menschen": das ist typisch, und wir können darin nichts Negatives erblicken. Sie möchte den Menschen auf der tiefsten Ebene begegnen; über Gott, der der direkteste Zugang ist. Thérèse ist sich ihrer Rolle und ihrer Mitverantwortung bei der Heiligung des Menschen bewußt:
Jesus liebt uns mit so unbegreiflicher Liebe, daß Er will, daß wir mit Ihm Anteil haben am Heil der Seelen. Er will nichts ohne uns tun. Der Schöpfer des Alls wartet auf das Gebet einer armen

kleinen Seele, um die anderen Seelen zu retten, die so wie sie um den Preis all Seines Blutes losgekauft wurden (B 135).

Gegen Ende ihres Lebens wird ihr apostolisches Bewußtsein eine bemerkenswerte Dichte erlangen, verbunden mit einer außerordentlichen Aufmerksamkeit ihrem Nächsten gegenüber. Und später haben die Christen sie auch sehr gut verstanden. Wie viele Missionare hegen eine besondere Sympathie für die Kleine Heilige - die niemals ihren Fuß außerhalb ihres Klosters gesetzt hat. Wie viele einfache Gläubige haben von Thérèse gelernt, daß auch sie Missionare sein können, dort, wo sie sich gerade befinden, in der Berufung, die Gott ihnen gibt, in den ganz alltäglichen Dingen: durch ihre Nächstenliebe, ihr Gebet, vielleicht durch ihr Kreuz. Thérèse wird die Heftigkeit ihrer Wünsche erfahren: *O Jesus . . . Ich möchte die Welt durcheilen . . . eine einzige Mission genügt mir nicht, ich möchte das Evangelium in allen fünf Weltteilen gleichzeitig verkünden, bis zu den fernsten Inseln . . .* (B 198).

Aber sie wird die Erfüllung dieses Verlangens in der Liebe finden, die sie als die treibende Kraft im mystischen Leib Christi ansieht:
Im Herzen der Kirche werde ich die Liebe sein . . . So werde ich alles sein . . . So wird mein Traum Wirklichkeit werden!!! (B 201).

Lieben, das ist überall möglich. Von Thérèse von Lisieux bis Teresa von Kalkutta und in jeder Situation - die Unterschiede sind bloß äußerlich. Nichts hat für Gott mehr Wert als die Liebe, aus der heraus wir leben. „Wenn mir die Liebe fehlte, wäre ich dröhnendes Erz, eine lärmende Pauke" (1 Kor 13,1).

Als Thérèse Martin fünfzehn Jahre alt wird, ist sie entschlossen, so schnell wie möglich ein Leben für Gott zu beginnen, in der radikalsten Weise, die ihr zur Verfügung steht. Ihr Wunsch, ja „die Gewißheit eines göttlichen Rufes" (A 53) wappnet sie gegen jeglichen Widerstand, gegen jeden wohlmeinenden Rat. Die Zeit scheint ihr reif zu sein, um zur Tat zu schreiten.

Dieser Ort, an dem Er mich erwartete, war der Karmel; ehe „ich ruhen durfte im Schatten", mußte ich noch durch viele Prüfungen, doch der göttliche Ruf war so drängend, daß, hätte ich durchs Feuer gehen müssen, ich es getan hätte, um Jesus treu zu sein . . . (A 105).

Sie überwindet alle Widerstände: die, welche von ihrem Vater kommen, die von seiten des Karmel mit seinem Rektor und die des Bischofs. Bei ihrer Romreise legt sie das Anliegen ihrer Berufung sogar dem Papst vor!

Am 9. April 1888 steht sie mit der Liebe als Ideal - sie ist nahezu das einzige Gepäck, das sie hat - vor der Klausurpforte des Klosters. Ein letztes Mal küßt sie ihren Vater und die Familienmitglieder. Mit klopfendem Herzen überschreitet sie die Schwelle dieses Hauses des Gebetes. Niemals mehr wird sie die Straßen von Lisieux sehen . . .

Ist sie zu diesem Schritt bereit? Diese fünfzehnjährige Jugendliche hat sicherlich die Reife einer Zwanzigjährigen. Und in ihrem Innersten strahlt ein großes Licht! Sie ist getragen von der Freude der Liebe: Ich bin Sein, und Er ist mein! Das immer gleiche Lied! Thérèse vergleicht ihre jugendliche Begeisterung mit dem köstlichen Wein, der das Herz erfreut und einen so manches vergessen läßt (A 102). Mit dem heiligen Paulus weiß sie, daß nichts sie von Gott trennen kann, von Ihm, der sie fesselt. Sie lebt „im Himmel der Liebe" (A 113).

Dennoch weiß sie, woran sie ist. *Mein Glück war nicht nur von kurzer Dauer, es hat sich keineswegs „den Illusionen der ersten Tage" verflüchtigt. Was Illusionen betrifft, so hat der liebe Gott mir die Gnade gewährt, bei meinem Eintritt in den Karmel keine einzige gehabt zu haben. Ich fand das Klosterleben so, wie ich es mir vorgestellt hatte; kein Opfer überraschte mich* (A 153).

Welcher Realismus! Sie ist reif genug, um diesen Schritt zu tun. Natürlich muß sie noch reifen, aber dazu hat sie Zeit. Und trotz all der hellseherischen Voraussagen, ist nicht zu leugnen, daß das Leiden recht spürbare Korrekturen mit sich bringen wird. Aber so wächst man eben.

Hat das Beispiel ihrer Schwester Agnès bei ihrer Entscheidung mitgespielt? Es ist möglich und kann schwer außer acht gelassen werden. Oft sind wir von Gott einer dem anderen geschenkt. Nach dem Tod der Mutter wurde Agnès für Thérèse eine „zweite Mutter" (A 28) und ihr „Vorbild" (A 14). Der Eintritt von Agnès in den Karmel (der einige Jahre später eine zweite Schwester, Marie, folgte) ist ein psychologischer Faktor, der Thérèse Gottes Ruf und Seine Gnade vermittelt hat. Aber Thérèse weiß sehr wohl, daß der Grund für ihren schweren Entschluß letztendlich einzig und allein ihre freigewählte Hingabe an den Plan ist, den sie als von Gott kommend und von Ihm gewollt erfährt. So formuliert sie es nach Jahren, wenn sie Rückschau hält mit ihrem bereits zutiefst abgeklärten und durch die Nähe Gottes erhellten Urteilsvermögen:

In der Tat, nur die Liebe zu Jesus konnte mir die Kraft verleihen, diese und die späteren Schwierigkeiten zu überwinden (A 116).

Die Wüste

Was bedeutet der „Karmel" für sie? Als Kind hatte Thérèse den Wunsch, ein einsames Leben zu führen, in einer fernen Wüste - gemeinsam mit ihrer Schwester Agnès (A 52). Als ihr später die Berufung einer Karmelitin erklärt wird, fühlt sie, daß der Karmel die Wüste ist, wo sie sich nach Gottes Willen verbergen soll . . . - und sie möchte dorthin gehen *für Jesus allein* (A 53) . . .

Wegen eines Abenteuers mit Gott. Unbeachtet. An einen Ort, wo es nur Gott gibt.

Bei ihrem Eintritt begreift sie, daß sie sich nicht geirrt hat.

Alles entzückte mich, ich glaubte mich in eine Wüste versetzt; ganz besonders glücklich machte mich unsere kleine Zelle, aber es war eine ruhige Freude . . . Mit welch tiefer Freude wiederholte ich die Worte: „Nun bin ich hier für immer, für immer! . . ." So waren meine Wünsche endlich erfüllt, meine Seele empfand einen so süßen, so tiefen Frieden, daß ich unmöglich Worte dafür finden kann, und dieser innerste Frieden ist mir auch geblieben (A 152-153).

Thérèse strebt so intensiv und so buchstäblich wie möglich danach, das Wort des heiligen Paulus zu verwirklichen: „Richtet euren Sinn auf das Himmlische und nicht auf das Irdische . . . euer Leben ist mit Christus verborgen in Gott" (Kol 3,2-3).

Die Berufung ist eine Gnade. Für die Nicht-Eingeweihten wäre es begreiflicher, wenn man zwei Leben hätte: man könnte eines dazu verwenden, um Erfahrungen zu sammeln, und das andere gewissermaßen als Reserve; wenn alles gut geht, dann setzt man das zweite ein. Aber Thérèse hat nur ein einziges Leben. Und sie setzt es für Jesus ein. Für nichts anderes. In der Wüste. Ohne Hoffnung darauf, die verflossenen Jahre von neuem leben zu können. Das ist die Gnade der Berufung.

Als sie über ihre wundervolle Reise durch die Schweiz und Italien nach Rom nachdenkt, schreibt Thérèse:

Niemals noch war ich von solchem Luxus umgeben gewesen . . . Die Freude findet sich nicht in den Dingen, die uns umgeben, sie findet sich im Innersten der Seele, man kann sie ebensogut in einem Gefängnis wie in einem Palast besitzen; als Beweis kann ich anführen, daß ich im Karmel trotz innerer und äußerer Prüfungen glücklicher bin als in der Welt, wo ich von den Annehmlichkeiten des Lebens und vor allem den Freuden des Familienlebens umringt war! . . . (A 141).

Thérèse verläßt dies alles aus freiem Willen. Und sie wird die Durchquerung der Wüste kennenlernen! Wie einsam und still ist ihr Haus, mit seinen kahlen Mauern und der einfachen Einrichtung. Wie streng und anscheinend eintönig dieses Leben mit seinen täglichen Gebetszeiten, der knappen Nachtruhe, dem kargen Essen und der Kälte im Winter. Aber nicht das ist es, was sie am meisten läutert. Darin liegt eher ein gewisses Freiwerden: um ihrem eigenen Weg folgen zu können, dem behüteten und bürgerlichen Leben im Vaterhaus Lebwohl zu sagen.

Was wird ihr dieses neue Leben bringen? Die Zukunft liegt nicht immer ganz klar vor unseren Augen. Man kennt den Anfang, aber wo das Ende liegt, weiß man nicht. In der Geschichte gab es andere Wüstendurchquerungen, wie die des Mose und seines Volkes, während der sich dessen Herz verhärtete, sich auflehnte und sich wünschte, in das Land mit seinen vertrauten Gewohnheiten und der materiellen Sicherheit zurückzukehren. Die Wüste steht der Geborgenheit des Nestes gegenüber. Sich für Gott bedingungslos einzusetzen, von der Liebe zu Ihm beseelt und ohne sich um sich selbst zu sorgen, alles aus diesem einzigen Beweggrund heraus anzunehmen: das ist der Wagemut, um den es geht.

*

Wenige junge Mädchen haben mit solcher Leidenschaft geliebt, wie Thérèse Jesus, ihren Herrn, liebte. Auf der Suche nach Ihm geht sie mitten durch die Wüste, das ist der kürzeste Weg. Ihr geistlicher Vater im Karmel, Johannes vom Kreuz, lehrt sie: durch das Nichts kommt man zum Alles. Die Einsamkeit ist aber keine Leere: sie ist ein Marsch hin zum Geliebten, der in der Oase wohnt. Die Entbehrung erhält dadurch einen Sinn. Die Wüste nimmt eine Dimension der Tiefe an.

Bei der Durchquerung der geistlichen Wüste findet sich der Geliebte nicht nur in der Oase, sondern Er begleitet uns bereits, unerreichbar, aber tatsächlich nahe, für die Augen des Glaubens sichtbar, dem betenden Herzen zur Freude.

Als Céline in den Ferien ist, schreibt ihr Thérèse:

Céline, die große Abgeschiedenheit, die zauberhaften Weitblicke, die sich vor Dir öffnen, müssen wohl sehr zu Deiner Seele sprechen? Ich selbst sehe das alles nicht, doch ich sage mit dem heiligen Johannes vom Kreuz: „In meinem Geliebten habe ich die Berge, die abgeschiedenen, bewaldeten Täler . . ." *Und dieser Viel-Geliebte unterweist meine Seele. Er spricht zu ihr im Schweigen, in der Dunkelheit . . .* (B 135).

Manchmal hat Thérèse den Eindruck, daß es Nacht wird über der Wüste. Alles zerrinnt im Nichts, sie kann den Unsichtbaren nicht mehr erkennen; die Dunkelheit gewinnt Macht über ihr Herz, darunter leidet sie. Diese Wüstenerfahrung ist die tiefste. Das Herz der Wüste ist die Wüste des Herzens. Sie fühlt die Hand, die sie führt, nicht mehr. Schaudernd blickt sie um sich und ist versucht zu denken: Nirgends ist Er, es gibt nichts . . .

Aber das ist nicht die Logik des Evangeliums! „Selig sind, die nicht sehen und doch glauben", sagt Jesus (Joh 20, 29). Vorwärts! Weiter! Nicht stehenbleiben. „Wenn der Weg einmal vorgezeichnet ist, muß man ihm folgen" (Antoine de Saint-Exupéry). Je mehr Thérèse riskiert, desto sicherer ist sie sich: dieser Weg führt nicht ins Nichts. Sie zieht ihren Kompaß zu Rate: die Evangelien. Mit Feuereifer liest sie, was der heilige Johannes vom Kreuz über die Wüste schreibt: er ermuntert sie, ihren Weg bis zum Ende zu gehen.

Thérèse wagt sich in Gemeinschaft von etwa zwanzig Frauen vorwärts. Eine kleine Karawane, Vorposten des Volkes Gottes auf dem Weg, eine kleine Zelle der Kirche. Die junge Schwester hat von dieser Gruppe enorm viel bekommen! Es ist ihr Karmel, die Schwestern geben einander die Fackel weiter, sie teilen ihr ihre Erfahrungen mit. Eine gemeinsame Berufung hat sie, die aus sehr unterschiedlichen Milieus kamen, zusammengeführt, eine bunte Gruppe, trotz des gleichen braunen Kleides, das sie alle tragen! Alle haben sie den Geist Gottes!

Die Kommunität Thérèses ist vielleicht ärmer als der Durchschnitt der Karmelkommunitäten. Es gibt darunter einige hervorragende Persönlichkeiten, aber noch viel mehr gewöhnliche Schwestern, bei denen sich Qualitäten und Fehler die Waage halten; und dann einige zutiefst verwundete Naturen. Nach und nach wird sich Thérèse dessen bewußt:

. . . Mangel an Urteil, an Erziehung, die Empfindlichkeit gewisser Charaktere, lauter Dinge, die das Leben nicht sonderlich angenehm machen. Ich weiß wohl, daß diese Charakterschwächen chronischer Art sind.

Wo sie kann, wählt sie ihren Platz an der Seite der Ärmsten:
Daraus ziehe ich folgenden Schluß: Ich muß in der Rekreation während der Redezeit die Gesellschaft jener Schwestern aufsuchen, die mir am wenigsten angenehm sind, und an diesen verwundeten Seelen das Werk des guten Samariters vollbringen. Ein Wort, ein liebenswürdiges Lächeln genügen oft, um eine traurige Seele aufzuheitern (C 259).

Schwester Thérèse widmet sich ihnen mit grenzenloser Hingabe. Dies ist das Zeichen, daß ihr geistliches Streben gesund ist. Gott lieben, das heißt, auch immer mehr seinen konkreten Nächsten lieben, die, welche mit uns leben. „Die Armen habt ihr immer bei euch", sagte Jesus (Joh 12,8).

*

Viele Menschen befinden sich in einer ähnlichen Wüstensituation wie Thérèse. Die Wüste kann sich im Herzen eines Menschen ausbreiten, ohne daß dieser es möchte. In den sozialen Beziehungen, der täglichen Arbeit, der großen Stadt. Sie kann: Ohnmacht aufgrund einer Krankheit oder einer psychischen Behinderung, Einsamkeit, selbst in einer Ehe, Unverständnis, soziale Unsicherheit, Altersleiden, Ärger, Mühsal . . . heißen. Hat nicht jeder seine eigene Wüstenerfahrung gemacht?

Dies ist dann die Stunde eines noch größeren Vertrauens, sagt uns Thérèse! Bleib nicht allein! Jesus ist bei dir. Wandle dein Leid in Liebe. Thérèse macht aus ihrem Leiden „das Herz der Kirche". Das Herz der Kirche ist überall dort, wo gebetet wird, wo man liebt, aus Liebe arbeitet, dort wo man sein Leid mit dem Blick auf den Gekreuzigten trägt. In den Augen Christi entdeckt sie die Menschen. Sie gehört zur „Kirche", im umfassenden Sinn und verantwortlich für „Tausende von Seelen" (Brief 135). Und sie hat das Leid bewußt in ihr Lebensprogramm hineingenommen: Apostel sein „durch das Gebet und das Opfer" (A 107)! Als Céline sich ihrerseits fragt, ob sie die Berufung für den Karmel besitzt, ermutigt Thérèse sie mit einem verblüffenden Argument:

Fürchte nichts, hier wirst Du mehr als anderswo das Kreuz und das Martyrium finden! (Brief 167).

Niemals verliert sie die Liebe aus den Augen. In den Briefen, die sie in ihrer Wüstenzeit schreibt, kommt Thérèse ständig auf sie zurück.

Da ich kein einziges Geschöpf zu finden vermag, das mich zufriedenstellt, will ich alles Jesus geben. Ich will den Geschöpfen auch nicht ein Atom meiner Liebe schenken . . . (Brief 76).

Mein einziger Wunsch ist es, immer den Willen Jesu zu tun (Brief 74).

Es gibt nichts außer Jesus, der ist; alles übrige ist nicht. Lieben wir Ihn also bis zur Torheit . . . Unsere Sendung ist es, uns zu vergessen, zu nichts zu werden . . . Wir sind so gering . . . Und dennoch will Jesus, daß das Heil der Seelen von unseren Opfern und unserer Liebe abhängt . . . Ah, verstehen wir Seinen Blick! . . . Jesus zu lieben mit der ganzen Kraft unseres Herzens und Ihm Seelen zu retten, damit Er geliebt wird! . . . (Brief 96).

Wenn man auch - in der Karawane vereint - gestützt und ermutigt wird, so ist ihr Einfluß dennoch manchmal ein Hemmschuh. Manche wollen durch ihr Verhalten die anderen überreden, sich nicht so anzustellen, ruhig einmal unterwegs stehen zu bleiben. Ohne es wirklich auszusprechen, bringen sie zum Ausdruck, daß das Unternehmen unmöglich ist. Selbst ein Beichtvater hält Thérèse ihre Wünsche, „eine Heilige zu werden und so zu lieben, wie die heilige Teresa von Avila Ihn geliebt hat", vor. Dies zeuge von Anmaßung. Thérèse antwortet folgendermaßen:

Aber, Pater, ich finde nicht, daß dies vermessene Wünsche sind, da unser Herr ja gesagt hat: Seid vollkommen, wie euer himmlischer Vater vollkommen ist (Apostolischer Prozeß).

In einem Brief an Céline bekräftigt sie:

Vollkommen sein, wie Dein himmlischer Vater vollkommen ist! . . . Ach, Céline, unser unendliches Verlangen ist also weder Traum noch Hirngespinst, weil Jesus selbst uns diese Weisung gegeben hat. (Brief 107).

Oft spricht sie vom „Wahnsinn" der Liebe, vom Verrückten in der Liebe, als einzige angemessene Antwort auf die verrückte Liebe Gottes zum Menschen.

Der Sand

In der Wüste sieht man nichts als den Himmel und den Sand. Seit langem schon fühlt sich Thérèse vom Firmament angezogen. Denn sie hatte stets das Gefühl, daß sie jung sterben würde, daß sie schnell „dort oben" sein würde.

Nun entdeckt sie auch die Symbolik des Sandes. Das anonyme, winzige, beinahe unsichtbare Sandkorn wird für sie zum Bild für das verborgene Leben, für die Zurückgezogenheit und die Armut - Werte, die sie intensiv lebt.

Während der ersten Jahre ihres Ordenslebens paßt die Symbolik des Sandkornes wunderbar in ihr Weltbild. Thérèse lebt für die Augen der Welt verborgen in einem Kloster. Seit langem hat sie eine Vorliebe für die kleinen Zeichen der Liebe, die nicht auffallen. Dazu kommt, daß ihr Gebet dürr und trocken ist. Thérèse wird unter dem Leidensdruck fast aufgerieben (wir werden gleich darauf zurückkommen). Man könnte ihr geistliches Leben in dieser Periode als den Wunsch charakterisieren, völlig zu verschwinden, um zur noch reineren Jesusliebe zu werden. Wie könnte man auch von sich selbst erfüllt sein und gleichzeitig von Gott? . . .

Wahrscheinlich hat Thérèse von ihrer Schwester Agnès kurz vor ihrem Eintritt das Bild vom Sandkorn mitbekommen. Sie identifiziert sich damit völlig. *Beten Sie, daß Ihre kleine Tochter immer ein ganz unscheinbares, allen Augen ganz verborgenes Sandkörnlein bleibt, das Jesus allein zu sehen vermag; daß es immer kleiner werde, daß es zu nichts werde* . . . (Brief 49).

Es geht also nicht bloß darum, klein zu sein, sondern es immer mehr zu werden. „Er muß wachsen, ich aber muß kleiner werden" (Joh 3,30): diese Worte von Johannes dem Täufer mit dem Blick auf Jesus fassen ihr ganzes Bestreben zusammen.

Ihr Wunsch, klein zu sein, wird immer fordernder und umfassender. Sie bedauert, daß sie noch nicht *klein genug und auch noch nicht leicht genug ist* (Brief 54).

An ihrem Profeßtag betet sie:
Jesus, sei mein Alles! . . . Die Dinge dieser Welt mögen meine Seele niemals beunruhigen, nichts soll meinen Frieden stören. Jesus, ich bitte Dich nur um den Frieden und auch um die Liebe, die unendliche Liebe, die keine Grenzen kennt als Dich, die Liebe, die nicht mehr die meine, sondern die Deine sein soll . . . Mach, daß ich der Kommunität niemals zur Last falle, sondern daß sich niemand um mich kümmert, daß ich geringgeachtet und mit Füßen getreten werde, vergessen wie ein kleines Sandkorn, das Dir gehört . . .

Später wird Agnès das Charakteristische der fünf ersten Klosterjahre von Thérèse definieren als *die Demut und die Sorge, treu bis in die kleinsten Dinge zu sein* (Seligsprechungsprozeß).

*

Wenn die Vervollkommnung in der Liebe auch immer Thérèses *Ideal* bleiben wird, so glaubt sie in diesen ersten Jahren ihres Karmellebens doch aufrichtig daran, daß die Liebe selbst gleichzeitig der einzige *Weg* zu diesem Ideal ist. In bezug auf ihr Unvermögen muß sie noch viel dazulernen! Aber für den Moment fallen ihr Wunsch nach Demut und Auslöschung noch völlig mit der Liebe zusammen - wie wunderbar ist diese Sicht, wie wunderbar diese Synthese! Immer kleiner werden, um immer mehr lieben zu können! Um immer glühender zu lieben, immer reiner, immer öfter zu lieben, indem man immer wieder von neuem beginnt! Thérèse erfährt wohl ihre Schwachheit, aber sie versucht, ihre Erfahrung zugunsten dieser drei Aspekte der Liebe umzuwandeln. Ihre Schwäche ist ein Komplize ihrer Liebe.

Jesus ist auf dem Weg zum Kalvarienberg dreimal gefallen... Und Du möchtest nicht, wenn es sein muß, hundertmal fallen, um Ihm Deine Liebe zu beweisen, und dann mit größerer Kraft aufstehen, als Du sie vor dem Fallen hattest! ... (Brief 81).

Oh, wieviel kostet es, Jesus zu geben, worum Er bittet! ... Welches Glück kostet es ... Welche unaussprechliche Freude, unser Kreuz schwach zu tragen ... Versäumen wir die Prüfung nicht, die Jesus uns schickt. Es ist eine Goldmine, die es auszubeuten gilt. Werden wir die Gelegenheit verpassen? ... Das Sandkorn will sich ans Werk machen, ohne Freude, ohne Mut, ohne Kraft, und alle diese Eigenschaften werden ihm das Unternehmen erleichtern: es will sich aus Liebe mühen. Das Martyrium beginnt (Brief 82).

Es ist klar, daß dieser Wunsch nach Leiden und nach Vergessenheit nicht von Masochismus oder Leidenssehnsucht herrührt. Die Schriften der jungen Karmelitin bezeugen uns überall, daß ihr Mut zum Leiden ihrer Liebe zur Person des Herrn Jesus entspringt, in der Absicht, nur Ihm zu gefallen und

Sein Los mit Ihm so vollkommen wie möglich zu teilen, ohne sich dabei die geringste Herausforderung entgehen zu lassen, die ihr konkretes Leben als Karmelitin mit sich bringt.

Beten Sie, daß das Sandkorn immer an seinem Platz ist, d.h. unter den Füßen aller, daß niemand an es denkt, daß sein Vorhandensein sozusagen unbekannt ist. Das Sandkorn wünscht nicht, gedemütigt zu werden, das wäre noch zuviel der Ehre, weil man sich ja mit ihm beschäftigen müßte. Es wünscht nur eines: vergessen zu werden, nichts zu gelten! . . . Aber von Jesus möchte es gesehen werden (Brief 95).

Die Ehre meines Jesus, das ist alles, meine eigene übergebe ich Ihm, und wenn Er mich zu vergessen scheint, nun, Er ist frei, denn ich gehöre nicht mehr mir, sondern Ihm . . . Er wird es schneller leid sein, mich warten zu lassen, als ich, Ihn zu erwarten (Brief 103).

*

Thérèse nimmt oft den Ausdruck „Kleinsein" in den Mund. Das tut sie später auch noch. Aber man kann feststellen, daß sich der Schwerpunkt da wesentlich verlagert hat. Im selben Gebäude können zu verschiedenen Zeitpunkten verschiedene Waren gelagert sein. In ihren ersten Jahren als Ordensschwester ist Kleinsein für Thérèse vor allem ein Synonym für *Demut*, die ihre Gottesliebe mehrt. Später wird Kleinsein oder Kindsein eine über die bloße Demut hinausgehende Bedeutung haben, die allerdings stets eine grundlegende Haltung Gott gegenüber bleiben wird und das Erfordernis für eine reine Liebe darstellt. Kleinsein wird für Thérèse in den folgenden Jahren im wesentlichen ein Synonym für vertrauensvolle Hoffnung werden, für die Hoffnung eines Kindes gegenüber seinem Vater. Kleinsein wird nicht mehr unmittelbar in Verbindung mit der Gottesliebe, die Thérèse anstrebt, gebracht werden, sondern vielmehr mit der barmherzigen Liebe Gottes zu ihr, einer Liebe, die sie empfängt.

Selbstverständlich ist Thérèse auch in dieser ersten Zeit von der Hoffnung getragen. Sie hofft glühend, daß sie mit Hilfe der Gnade Gottes zum Gipfel der Liebe gelangen wird, und das sehr schnell. Aber sie muß noch viel tiefer von dem Bewußtsein ihrer eigenen Ohnmacht durchdrungen sein, ehe sie ihre Hoffnung einzig und allein auf Gottes Treue setzen kann, die so barmherzig ist und immer den ersten Schritt tut. Bevor Thérèse zu dem existentiellen Bewußtsein gelangt, daß Gott selbst und Gott allein es ist, der uns heilig macht, muß sie eine lange Nacht voll vergeblicher Anstrengungen durchmachen (Joh 21). Aber Leben heißt Wachstum, und es gibt viele, die zunächst mit Gott kämpfen, ehe sie sich von Ihm bezwingen lassen.

Als Thérèse in den Karmel eintritt, möchte sie zuerst noch zu sehr durch eigene Anstrengung zur Heiligkeit gelangen. Mit Hilfe ihrer eigenen Liebe. Sie denkt zu sehr: „Ich will Jesus alles geben", und zu wenig: „Jesus wird mir alles geben". Wir könnten dies nicht besser erklären als durch die Stelle in einem Brief vom Juli 1890. Thérèse ist seit zwei Jahren und einigen Monaten Karmelitin, aber das „heilige Feuer" glüht immer noch, und nichts hat ihre Überzeugung, eine Heilige zu werden, erschüttern können - vorausgesetzt, daß ihre Liebe zunimmt. Natürlich weiß sich Thérèse schwach, aber sie betrachtet diese Schwäche stets als beinahe außergewöhnliche Chance für eine reinere Liebe. Später wird sie vertrauensvoll ihre Schwäche dem Herrn überlassen, als eine Chance für Ihn, damit wir Seiner barmherzigen Liebe noch mehr teilhaftig werden.

Sie schreibt ihrer Kusine Marie Guérin:

Wenn Du nichts bist, darfst Du nicht vergessen, daß Jesus alles ist. Deshalb mußt Du Dein kleines Nichts in Sein unendliches Alles hineinverlieren und nur noch an dieses einzig liebenswerte Alles denken . . . Wenn man sich so elend sieht, will man sich nicht mehr anschauen und blickt nur noch auf den einzigen Viel-Geliebten! Meine liebe Marie, für mich kenne ich kein anderes Mittel, um zur Vollkommenheit zu gelangen, als „die Liebe". Wie sehr ist unser Herz für die Liebe geschaffen! (Brief 109).

Kein anderer Weg zur Vollkommenheit als die Liebe . . . Thérèse muß sich noch viel weiter entwickeln, ehe sie das entdeckt, was sie ihren „kleinen Weg" nennen wird. Nachdem ihr in einzigartiger Weise die rettende Barmherzigkeit Gottes offenbar wurde, schreibt sie sechs Jahre später:

Das Vertrauen, und nichts als das Vertrauen, muß uns zur Liebe führen (Brief 197).

Auf diese Entwicklung wollen wir nun näher eingehen.

Zweites Kapitel

ICH SELBST SCHAFFE ES NICHT ...

Ein Abend im Jänner 1895. Am dunklen Himmel funkeln die hellen Sterne. In Lisieux ist alles still. Die Armen wärmen sich am Holzfeuer, und in den Salons des Bürgertums werden Gesellschaftsangelegenheiten besprochen.

Schwester Thérèse hat sich in die schweigende Einsamkeit ihrer Zelle zurückgezogen. Ihr dicker Habit schützt sie ein wenig vor der Kälte. Sie sitzt auf einer kleinen Bank, die gemeinsam mit dem harten Bett - zwei Schragen, drei Bretter, ein Strohsack - ihre ganze Zelleneinrichtung darstellt.

Thérèse ist vor kurzem zweiundzwanzig Jahre alt geworden, und bald sind es sieben Jahre, daß sie im Kloster lebt. Die Jugendliche ist zur Frau geworden, mit derselben Begeisterung zwar, aber weiser und innerlicher. Ihr bleiben noch zweiunddreißig Monate zu leben. In ihrem Körper setzt die Tuberkulose heimtückisch ihr zerstörerisches Werk fort.

Thérèse ist eine glückliche Frau. Ihr Herz fließt über von Frieden, Freude und der Göttlichen Gegenwart. Die nüchterne Einsamkeit am Beginn dieses eisigen Abends hat etwas Feierliches an sich. Der kleine Raum ist erfüllt von Gott.

Auf ihren Knien hält sie ein kleines, tragbares Pult und schreibt ihre Jugenderinnerungen nieder. Schwester Agnès, die derzeitige Priorin, hat sie darum gebeten. Nach einigem Zögern, ob ihre Arbeit nutzbringend sei, hat Thérèse sich ganz einfach ans Werk gemacht.

Was sie nun schreiben will, ist weniger ihr „Leben", als die Rolle, die der Viel-Geliebte in ihrem Abenteuer der Liebe spielt. Sie will im Grunde nicht so sehr von konkreten Fakten, sondern von der Güte Gottes sprechen, von der Gnade Gottes, die durch alle Ereignisse ihres Lebens hindurchscheint. Ihre Berufung, ihr

Leiden und ihre Kämpfe - ihr ganzes Leben steht unter dem Zeichen des „Mysteriums". Seit kurzem trägt dieses Geheimnis einen Namen: „Barmherzigkeit".

Ich stehe in einem Abschnitt meines Lebens, von dem aus ich einen Blick in die Vergangenheit werfen kann; meine Seele ist im Schmelztiegel äußerer und innerer Prüfungen reifer geworden; wie die Blume nach stärkendem Gewitterregen richte ich mich jetzt auf und sehe, daß sich die Worte des 23. Psalms an mir erfüllen. „Der Herr ist mein Hirte, nichts wird mir fehlen. Er läßt mich lagern auf grünen Auen und führt mich zum Ruheplatz am Wasser. Er führt meine Seele, ohne sie zu ermüden . . . Muß ich auch wandern in finsterer Schlucht, ich fürchte kein Unheil, denn Du, Herr, bist bei mir! (A 6).

Die junge Ordensfrau hält einen Augenblick inne. Das gelbliche Licht der Petroleumlampe tanzt leise auf den kahlen Wänden der Zelle. Thérèses Augen gleiten sinnend die weiße Wand entlang. Erinnerungen . . . Alles ist so schnell gegangen. Wie in einem Film kommt ihr die Vergangenheit wieder in den Sinn . . .

In der Schule des Leidens

Thérèse sieht sich wieder, wie sie in die Wüste des Karmel eintritt, an jenem 9. April 1888, beseelt von unermeßlicher Freude. Die Schwestern heißen sie willkommen. Hinter ihnen, unsichtbar, befindet sich ein anderer Gastgeber: das Leiden.

Ja, das Leiden streckte seine Arme nach mir aus, und ich warf mich voll Liebe hinein . . . Will man ein Ziel erreichen, so muß man die Mittel dazu ergreifen; Jesus ließ mich verstehen, daß Er mir durch das Kreuz Seelen schenken wolle, und die Anziehungskraft des Leidens wuchs für mich in dem Maß, wie das Leiden zunahm. Fünf Jahre lang war das mein Weg, doch nach außen hin verriet nichts mein Leiden, das umso schmerz-

hafter war, weil ich allein darum wußte (A 153/154).

Worin bestand nun diese lange Leidenszeit? Thérèse denkt zunächst nicht an die äußere Loslösung, zu der das Leben im Karmel sie zwingt, sie, die so jung ist und körperlich gar nicht kräftig: an die Abgeschiedenheit, die Abtötung beim Essen, die begrenzte Schlafenszeit, die Armut der Zelle, das Fehlen einer Heizung. Das nimmt sie alles gern an, sie wollte es ja. Man spürt, daß man da etwas schenken kann, und für eine Novizin in ihrem ersten Schwung ist dieses Gefühl, etwas zu leisten, ein Faktor der Ermunterung und oft auch eine notwendige Phase bei der Eingewöhnung: man erwartet viel Gutes davon, es ist wie ein Trumpf, den man in der Hand hält, es gibt einem innere Freude und den Eindruck, sicher auf dem Weg zu Gott zu sein. Sogar bei Thérèse sehen wir zu Beginn eine gewisse Überschätzung der Abtötung, aber ihre Vorgesetzten erlauben ihr keine übermäßigen Bußübungen (A 165). Es schüttelt einen allerdings, wenn Thérèse erklärt, daß ihr in den kalten Winternächten der Normandie „sterbenselend" (Apostol. Prozeß 830) zumute war.

Ein größeres Leiden bringen für sie die zwischenmenschlichen Beziehungen mit sich. Das enge Zusammenleben ist nicht immer einfach: dieselben Personen, dieselben Gesichter, ein ganzes Leben hindurch ... Marthe, die Mitnovizin von Thérèse, ist nicht einfach, sie lehnt sich gern auf. Zwei Jahre lang plagt sich Thérèse mit ihrer Novizenmeisterin, Marie von den Engeln, die mild ist und von guten Ratschlägen überfließt, mit der die junge Thérèse aber beim besten Willen der Welt nicht über ihr inneres Leben sprechen kann.

Und dann sind da ihre eigenen Schwestern: Agnès und Marie. Thérèse liebt sie zärtlich, will und kann aber die Familienbande mit ihnen nicht aufrechterhalten.

Keineswegs um mit meinen Schwestern zusammenzuleben, bin ich in den Karmel gekommen, sondern ausschließlich, um dem Ruf Jesu zu folgen. Oh! Ich ahnte wohl, daß dieses Zusammenleben mit den eigenen Schwestern eine Quelle ständiger

Leiden sein müsse, wenn man der Natur in nichts nachgeben will (C 225).

Und vor allem gibt es da Marie de Gonzague, die mit einer Unterbrechung von drei Jahren während des ganzen Ordenslebens von Thérèse ihre Priorin sein wird. Sie kann wirklich liebenswürdig sein, und an diesen Tagen faßt Thérèse beinahe Zuneigung zu ihr, aber meistens ist die Priorin ziemlich launenhaft und argwöhnisch, sie mißtraut den Martin-Schwestern leicht, vor allem Agnès, die sehr begabt ist und deren moralischer Einfluß in der Kommunität zunimmt. Die „fünf Leidensjahre", von denen Thérèse spricht, fallen genau in diese erste Amtsperiode von Marie de Gonzague. Sehr klug schreibt Thérèse:

Unsere Mutter, die oft krank war, hatte wenig Zeit, sich mit mir zu befassen. Ich weiß, daß sie mich sehr gern hatte und alles nur mögliche Gute über mich sagte, doch der liebe Gott ließ es zu, daß sie, ohne es zu wissen, sehr streng war. Ich konnte ihr nicht begegnen, ohne den Boden zu küssen, und nicht anders war es bei den seltenen Aussprachen, die ich mit ihr hatte . . . Welch unschätzbare Gnade! . . . Was wäre aus mir geworden, wenn ich, wie die Leute von draußen glaubten, das „Spielzeug" der klösterlichen Gemeinschaft gewesen wäre? . . . (A 153).

In einem späteren Abschnitt, der sich an Marie de Gonzague wendet, erinnert Thérèse sie an ihre „starke und mütterliche Erziehung" (C 212).

Aber meist gewinnt die „harte" Seite die Oberhand: Das ist die tagtägliche Wolke am Himmel! Eines Tages gesteht Thérèse einer Schwester:

Ich kann Ihnen versichern, daß ich viele Kämpfe auszufechten hatte und daß es keinen Tag gab, an dem ich nicht litt, keinen einzigen! (Apostololischer Prozeß).

Aber sie beklagt sich nicht gern, und sie verbreitet sich über diesen Gegenstand weniger, als wir es uns vom hagiographischen Standpunkt aus gewünscht hätten:

Alles, was ich eben in kurzen Worten berichtet habe, hätte eigentlich viele Seiten voller Einzelheiten erfordert, aber diese Seiten werden auf Erden nie gelesen werden (A 166).

Und sie fertigt uns liebenswürdig ab, indem sie uns etwas boshaft auf das Ende der Welt verweist (A 154).

Beten: die schwierige Aufgabe

Die fruchtbaren Gebetsstunden der Gotteserfahrung, die Thérèse vor ihrem Eintritt erlebt hatte, hatten unleugbar ihre Sehnsucht nach Einsamkeit verstärkt. Dort könnte sie dann mit Gott leben, ohne gestört zu werden, frei von aller Sorge, ausgenommen der, in einer von den Einflüssen der Welt ungestörten Beschauung zu lieben.

Aber die Dinge nehmen eine völlig andere Richtung. So tröstlich ihr Gebet in der Welt war, so trocken und zerstreut ist es in den langen Betrachtungsstunden im Kloster. „Ich will sie in die Wüste hinaus führen und sie umwerben" (Hos 2,16): aber nun, wo Thérèse sich in der Wüste befindet, läßt der Bräutigam so wenig von sich hören ...

Thérèse gesteht:

Die Trockenheit war mein tägliches Brot (A 162), *ich hatte darüber zu klagen, daß ich seit sieben Jahren bei meinen Betrachtungen und meinen Danksagungen schlief* (A 167).

Ihre jährlichen Exerzitien sind, soweit dies möglich ist, noch trockener (A 167). *Jesus schlummerte wie üblich in meinem kleinen Nachen* (A 167).

Für eine junge Karmelitin, die durch ihre Lebensform berufen ist, stets die Gegenwart des Herrn zu suchen, bedeutet diese unerwartete Situation einen harten Schlag, der sie aus der Bahn wirft. In den Augen einer Novizin ist der Erfolg im Gebet oft eine Art Barometer. Und das Beispiel ihrer beiden bedeutenden Vorgänger im Karmel, Teresa von Avila und Johannes vom

Kreuz, die so große mystische Gnaden empfingen, mußte bei Thérèse die Gewissensfrage nach dem Großmut ihrer Hingabe aufwerfen.

Wenn Thérèse ihre Trockenheit ihrem „Mangel an Eifer und Treue" (A 167) zuschreibt, ist dies objektiv gesehen, schlichtweg falsch. Aber vom subjektiven Standpunkt Thérèses aus können wir diese Aussagen nicht ganz als bloß demütige Formeln abtun. Thérèse ist sich ihrer tiefen Armut bewußt und muß lernen, mit ihr zu leben. Sie muß geduldig neue innere Haltungen einüben, ein Prozeß, der sich über Jahre dahinzieht.

Für das Wachsen ihrer Liebe sind diese Prüfungen schließlich fruchtbringend. Sie begünstigen das „Kleinwerden wie ein Sandkorn in der Wüste" sehr. Sie zerstören ihre Liebe nicht, sondern regen ihren Durst noch an. „Meine Seele dürstet nach Dir; nach Dir schmachtet mein Fleisch, wie dürres, lechzendes Land ohne Wasser" (Ps 63,2). Thérèses Großmut erhält ein neues Gesicht: Jesus lehrt sie, *wie sie Ihm gefallen und die höchsten Tugenden üben könne* (A 167).

Nach und nach wachsen die Demut, die Loslösung, das Vertrauen und die Hingabe. Thérèse lernt es, mit Fügsamkeit zu reagieren, und stützt sich dabei auf einen wachen Glauben und eine aufrichtige Liebe, die nicht auf das eigene Interesse schaut.

Heute war ich noch mehr als gestern, wenn das möglich ist, ohne jeden Trost. Ich danke Jesus, der dies für meine Seele gut findet. Vielleicht würde ich, wenn Er mich tröstete, in diesem Glück verharren, aber Er will, daß alles für Ihn sei! . . . Oh ja, alles wird für Ihn sein, alles, selbst dann, wenn ich nichts fühle, das ich Ihm schenken kann. Dann gebe ich Ihm, wie heute abend, dieses Nichts! . . . (Brief 76).

Wenn Sie wüßten, wie groß meine Freude darüber ist, keine Freude zu haben, um Jesus Freude zu machen! . . . Es ist eine geläuterte Freude, aber keineswegs fühlbar (Brief 78).

*

Nach zweieinhalb Ordensjahren darf Thérèse schließlich am 8. September 1890 ihre Gelübde ablegen. Während ihrer - sehr trockenen - Vorbereitungsexerzitien schreibt sie Schwester Agnès einen Brief, der uns einen tiefen Einblick in ihre innere Haltung in dem Moment gewährt, in dem sie sich an der Schwelle zu ihrem endgültigen Entschluß befindet.

Die kleine Einsiedlerin muß Ihnen ihren Reiseweg angeben. Hier ist er: Vor der Abreise schien ihr Bräutigam sie zu fragen, in welches Land sie reisen und welchen Weg sie einschlagen wolle usw . . . Die kleine Braut erwiderte, sie habe nur einen Wunsch, den Gipfel des Berges der Liebe zu ersteigen. Um dorthin zu gelangen, boten sich ihr viele Wege an. Es gab darunter so viele vollkommene Wege, daß sie sich außerstande sah zu wählen. So sagte sie zu ihrem göttlichen Führer: „Du weißt, wohin ich gehen will, Du weißt, für wen ich den Berg ersteigen will, für wen ich das Ziel erreichen will. Du weißt, wen ich liebe und wen ich allein zufriedenstellen will. Für Ihn allein unternehme ich diese Reise. Führe mich also auf den Wegen, die Er gerne geht. Wenn Er nur zufrieden ist, dann bin ich vollauf glücklich." Da nahm Jesus mich bei der Hand; Er ließ mich in einen unterirdischen Gang eintreten, wo es weder kalt noch warm ist, wohin kein Sonnenstrahl dringt, weder Regen noch Wind. Ein unterirdischer Gang, wo ich nur gedämpftes Licht sehe, das Licht, das die gesenkten Augen im Antlitz meines Bräutigams ausstrahlen! . . . Mein Bräutigam sagt nichts zu mir, und ich sage nichts zu Ihm, außer daß ich Ihn mehr liebe als mich selbst, und im Grunde meines Herzens spüre ich, daß das wahr ist, denn ich gehöre mehr Ihm als mir! . . . Ich sehe nicht, daß wir zur Bergspitze voranschreiten, weil unsere Reise unterirdisch vor sich geht, und dennoch scheint es mir, daß wir uns ihr nähern, ohne zu wissen wie. Der Weg, dem ich folge, hat keinerlei Trost für mich, und dennoch bringt er mir allen Trost, weil Jesus ihn ausgewählt hat und ich das Verlangen habe, Ihn allein zu trösten, Ihn allein! (Brief 110).

Wir bemerken bei Thérèse immer die Überzeugung, daß die treue Liebe sie zum Gipfel des Berges führen wird, ohne daß sie jetzt genau weiß wie. Der Weg bleibt im Dunkeln, aber lieben bedeutet für sie, die Hand des Herrn zu ergreifen und sich von Ihm führen zu lassen.

Hier ist etwas im Werden! Es wird offenkundig, daß die Bereitschaft zur Hingabe wächst, die gegen Ende 1894 dann in der Entdeckung ihres endgültigen „kleinen" Weges gipfelt. Da erfährt sie, daß der Herr sie auf Seinen Armen trägt und sie zum Gipfel emporhebt (C 215).

Das schwerste Kreuz, das ich mir je hätte vorstellen können

Eine noch größere Prüfung führt Thérèse notwendigerweise zu einem wachsenden Verzicht: das schmerzliche Siechtum von M. Martin, das wie ein Schwert das Herz seiner jüngsten Tochter durchdringt.

Kaum ist Thérèse in den Karmel eingetreten, als sich schon die ersten Anzeichen eines Verfalls des Vaters bemerkbar machen. Der alte Mann ermüdet mit seinen fünfundsechzig Jahren rasch. Arteriosklerose und andere Krankheiten haben bei ihm katastrophale psychische Folgen. Drei Monate nach dem Eintritt Thérèses in den Karmel findet sich ihr Vater überhaupt nicht mehr zurecht und verläßt einfach das Haus. Wo ist er? Lebt er noch? Hat er möglicherweise . . .? Bei den Seinen herrscht tödliche Ungewißheit . . . Seine drei Töchter im Karmel hören den Bericht über die vergebliche Suche bangen Herzens mit an . . . Man ist völlig ohnmächtig . . . Thérèse kann nur ihren Blick zum gekreuzigten Jesus emporheben. Vier Tage später wird M. Martin in Le Havre gefunden.

Neuerliche Krankheitsschübe lassen ein Hinauszögern der Einkleidung Thérèses um einige Monate angebracht sein. Vielleicht wird alles wieder gut? Die Anwesenheit dieses tiefgläubigen Menschen bei der Zeremonie am 10. Jänner 1889 ist für Thérèse ein Sonnenstrahl an ihrem dunklen Himmel!

Niemals war mein geliebter König schöner, würdiger gewesen ... Alle bewunderten ihn, dieser Tag war sein Triumph, sein letztes Fest auf Erden (A 159).

M. Martin geht es nicht gut. Oft redet er verwirrt, seine finanziellen Unternehmungen sind fraglich. Die Möchtegern-Psychiater raunen sich zu, daß der Weggang Thérèses, seines Augapfels, der Grund seiner Krankheit ist. Thérèse spürt diese „Nadelstiche" ... Die Welt bedeutet ihr nichts mehr, wie könnte es auch anders sein ... Sie leidet bitter ... So schreibt sie an Céline:

Jesus ist da mit Seinem Kreuz! ... Was sind für uns die Dinge dieser Welt ... Wäre das unsere Heimat, dieser Lehm, der einer unsterblichen Seele so unwürdig ist ... Und was geht es uns an, daß schwächliche Menschen den Schimmel herunterschneiden, der auf diesem Lehm wächst. Je mehr unser Herz im Himmel ist, desto weniger fühlen wir diese Nadelstiche ... Ja, unser Leben ist ein Martyrium, und eines Tages wird uns Jesus die Palme reichen. Leiden und verachtet sein! Welche Bitternis, aber auch welche Herrlichkeit! (Brief 81).

Das Drama steuert auf den Höhepunkt zu ...

M. Martin hat neuerlich Wahnvorstellungen und verbarrikadiert sich mit einem Revolver bewaffnet zu Hause. Man fürchtet für das Leben seiner beiden Töchter Céline und Léonie, die sich mit einer Hausangestellten auch in dem Haus befinden. Isidore Guérin kommt, um gemeinsam mit einem Freund seinen Schwager zu entwaffnen, der dann noch am selben Tag in eine psychiatrische Anstalt in Caen eingeliefert wird ... Wir schreiben den 12. Februar 1889 ... „Unser großer Reichtum", notiert Thérèse später auf einer Liste, die sie über ihre „Tage der Gnade" erstellt (A 185).

Aber am Tag selbst durchbohrt ein Schwert ihr Herz!

Ach, an jenem Tag sagte ich nicht mehr, daß ich noch mehr leiden könne!!! ... Worte können unsere Herzensangst nicht wiedergeben, . . . so will ich auch nicht versuchen, sie zu beschreiben . . . Unser geliebter Vater trank den bittersten, den demütigendsten Kelch (A 161).

Und Thérèse mit ihm! Bis zur Neige . . . Gemeinsam mit seinem Vater fühlt das Sandkorn sich mit Füßen getreten, gedemütigt, vernichtet.

Ihr edler „König", verrückt . . . Er wird zum Stadtgespräch. Und seine Familie mit ihm . . . Die öffentliche Meinung des 19. Jahrhunderts über diese Kranken war recht grausam. Thérèse denkt an die Zwangsmethoden, die zu dieser Zeit angewendet werden. In der Ferne, allein in dieser Anstalt (so wie sie in ihrem Kloster), ist ihr Vater fremden Händen anvertraut. Und dabei hat er fünf Töchter . . . Was für ein Leid bedeutet dies für Thérèse! Wie blutet da ihr Herz!

Sie schreibt zwei Wochen später:

Jesus ist ein Blutbräutigam. Er will das ganze Herzblut für sich (Brief 82) . . . *Dieses Kreuz war das schwerste, das ich mir je hätte vorstellen können* (Brief 155).

M. Martin wird mehr als drei Jahre in der Anstalt in Caen bleiben. Einige Monate später werden die Buissonnets aus ihrem Haus gewiesen werden. Andere Leute werden darin wohnen. Von Thérèses Jugend bleibt nichts mehr übrig.

*

Unserer Meinung nach lassen die Schriften von Thérèse, wenn man zwischen den Zeilen liest, noch auf einen anderen Kampf schließen: ihre Ratlosigkeit bezüglich Gott. Was da gerade geschehen ist, ist so bestürzend und so verwirrend . . .

Für Thérèse war die Erfahrung eines guten, frommen und weisen Vaters ein sehr wichtiges Element bei der Erstellung des Bildes, das sie als Kind von Gott hatte, und auch noch in ihrem sechzehnten Lebensjahr. Papa war ein Abbild Gottes. Als Kind brauchte Thérèse *ihn nur anzuschauen, um zu wissen, wie die Heiligen beten* (A 39).

Weniger als ein Jahr zuvor stellte sie noch fest, *wie sich seine Augen während seiner täglichen Besuche des Allerheiligsten oft mit Tränen füllten und sein Antlitz himmlische Seligkeit atmete* (A 158).

Und vom Karmel hat sie gerade noch geschrieben:
Wenn ich an Dich denke, mein geliebtes Väterchen, dann denke ich ganz von selbst an den lieben Gott (Brief 58).

Und dann macht M. Martin plötzlich so sinnlose, verworrene und verrückte Sachen . . . Der Spiegel Gottes zersplittert in tausend Stücke. Plötzlich wird Gott so anders, fremder, unverständlicher . . .

Notwendigerweise wird die Sechzehnjährige mit Seinem „Mysterium" konfrontiert . . . Und notgedrungen steigen bei einer kleinen Denkerin, wie Thérèse es ist, in der Einsamkeit ihres Karmel und unter dem übergroßen Leidensdruck die ewigen Fragen auf - selbst wenn sie versucht, sie zu unterdrücken. Warum läßt Gott das zu? (Er, der so gut ist . . .) Ist das gerecht bei einem, der Gott so treu gedient hat (in jedem Menschen verbirgt sich ein fragender Hiob . . .), wo doch Thérèse so viel gebetet hat, so glühend und so vertrauensvoll? (Der Mißerfolg ihres Gebetes . . . Auf welche Weise erhört uns Gott?) Natürlich sagt man - und Thérèse sagt es selbst auch oft und mit viel Nachdruck -, daß das Leid eine besondere Gunst für jene ist, die Gott besonders liebt, und daß im Himmel alles vergolten und belohnt würde. Aber gibt es überhaupt einen Himmel? . . .

Daß in Thérèse diese Frage hochgekommen ist, ist keine bloße Annahme von uns. (Die Frage wird übrigens in den beiden letzten Jahren ihres Lebens häufig auftauchen, zu einem Zeitpunkt also, da Thérèse eine Meisterin im Glauben geworden ist!) In ihrer Autobiographie hüllt sie absichtlich diese Periode, in der ihr Vater sich in der psychiatrischen Anstalt befindet, in großes Schweigen, aber dennoch entschlüpft ihr so nebenbei ein bedeutungsvoller Satz:

Ich hatte damals große innere Prüfungen aller Art (die so weit gingen, daß ich mich manchmal fragte, ob es einen Himmel gäbe) (A 177).

In Thérèses Briefen merkt man, wie heftig sie sich wehrt. Die Rede vom „Kampf" ist hier auf eine frappierende Weise gegenwärtig. Mehr denn je beharrt sie auf ihrem Glauben, ohne zu sehen und ohne zu verstehen. Sie erklärt sich in der Treue zu Jesus für jedes Leiden bereit. In ihren Briefen merkt man manche Verkrampfung. Wie könnte es auch anders sein? Die Zeit ist hart, es heißt zu kämpfen, und sie ist kaum sechzehn, siebzehn Jahre alt . . . Sie erholt sich nur schmerzlich, sehr schmerzlich von dem „schweren Schlag" (Brief 94).

Aber so wie Jesus „durch Sein Leiden den Gehorsam gelernt hat" (Heb 5,8), so reift auch Thérèse in demselben „Schmelzofen" (A 6). Aus dem Sumpf sprießen seltene Blumen: Demut, Loslösung, Vertrauen, Hingabe - wir haben darüber bereits im Zusammenhang mit dem Gebet gesprochen, und mehr denn je wird das Gebet in diesem neuen Leiden notwendig.

Thérèse wird später rückblickend schreiben:

Ja, diese drei Leidensjahre Papas erscheinen mir als die liebenswertesten, die fruchtbarsten unseres ganzen Lebens; ich würde sie nicht für alle Ekstasen und Offenbarungen der Heiligen eintauschen, mein Herz fließt über vor Dankbarkeit, wenn ich an diesen unermeßlichen Schatz denke (A 161).

Der neue Spiegel Gottes

Thérèses Wachstum ist auch vom theologischen Standpunkt aus überraschend. Nachdem der frühere Spiegel Gottes zerbrochen ist, entdeckt sie, noch intensiver und noch klarer als zuvor, einen anderen Spiegel Gottes, den wahren Spiegel Gottes: Jesus, den Gesandten des Vaters.

Denn Jesus, der Auferstandene, hat zuerst gelitten! Während ihrer großen und verwirrenden Prüfung wird Thérèse das „Heilige Antlitz" des Herrn zu entdecken lernen. So als ob sie ihre Zukunft vorausgeahnt hätte, hatte die Karmelitin bei ihrer Einkleidung ihrem Namen „Thérèse vom Kinde Jesu" noch die Worte „vom Heiligen Antlitz" hinzugefügt. Von nun an werden die Nachfolge und das Ähnlichwerden zwei Kraftlinien sein, die sie noch mehr mit dem leidenden Jesus vereinen. Jesus lehrt sie, bis wohin die Treue und die Liebe gehen können. Zwei Monate nach dem schlimmen Schlag von „Caen" schreibt Thérèse an Céline:

Um die Braut Jesu zu sein, muß man Jesus ähnlich sein. Jesus ist blutüberströmt, Er ist mit Dornen gekrönt! . . . Jesus brennt vor Liebe zu uns . . . Schau Sein anbetungswürdiges Antlitz! . . . Schau diese erloschenen und gesenkten Augen! Schau diese Wunden . . . Schau Jesus ins Antlitz! . . . Da wirst Du sehen, wie Er uns liebt (Brief 87).

Ja, Jesu Antlitz ist strahlend, doch wenn es schon inmitten von Verwundungen und Tränen so schön ist, wie wird es erst sein, wenn wir es im Himmel erblicken? . . . Oh der Himmel . . . der Himmel! (Brief 95).

Zu diesem Zeitpunkt ergründet Thérèse *den Reichtum der im Heiligen Antlitz verborgenen Schätze . . . die Geheimnisse der Liebe, die im Antlitz unseres Bräutigams verborgen sind* (A 157).

Im Lauf des Sommers 1890 zitiert sie erstmals des langen und breiten die Kapitel 53 und 63 bei Jesaja, im Hinblick auf das „verborgene Antlitz des Schmerzensmannes, der unsere Schmerzen getragen hat", *der allein die Kelter trat und dabei um sich sah, ob Ihm niemand helfe* (Brief 108).

*

Immer mehr wird sich Thérèse der Heiligen Schrift öffnen. Jesus ist nicht mehr nur ihr Vorbild und ihre Liebe, sondern auch ihre Wahrheit und ihr Lebensinhalt. Thérèse war getauft und im Glauben erzogen worden. Dieser Glaube wurde durch den Unterricht gestärkt und durch die Lesung vor allem der „Nachfolge Christi" und des Buches von Arminjon über das „Ende der gegenwärtigen Welt und die Geheimnisse des zukünftigen Lebens" genährt. Während der Krankheit ihres Vaters tritt Thérèse in eine dritte Phase ein: in den Übergang von einem traditionellen zu einem persönlich vollzogenen und verantworteten Glauben.

Als Thérèse nun mit dem großen Leid der anderen und ihrem eigenen konfrontiert wird, erwachsen aus dieser existentiellen Situation die ewig gleichen Fragen des Menschen. Nicht, daß Thérèse sich diese systematisch „stellt", nein, diese Fragen drängen sich ihrem Geist in diesem leidensvollen Leben in den tiefsten Schichten ihres Wesens ganz spontan auf, auch wenn sie sie sogleich fallen läßt und auf die gängigen Antworten zurückgreift.

Nun wird die Antwort aus dem Glauben, die sie im allgemeinen und mit Recht annimmt, von ihr persönlich begründet und gutgeheißen. Thérèse ist eine kleine Denkerin. Worte wie „suchen", „finden" und „verstehen" gehen ihr leicht von den Lippen, genau 46, 137 und 144 Mal, allein in ihrer Autobiographie. Sie hat einen lebhaften, kritischen Geist. Die kleine Tochter der Normandie will die Katze nicht im Sack kaufen! Die Natur ihrer realistischen Intelligenz fordert ernsthafte Gründe, ehe sie das Übernatürliche annehmen kann. Die Fragen der modernen Zeit beschäftigen auch sie.

Wir befinden uns in einem Jahrhundert der Erfindungen (C 214), schreibt sie. Allgemeinplätze interessieren sie nicht, sie durchschaut, wie bedeutungslos unbegründete Antworten sind, für sich selbst hat sie bereits den Einwand parat. *Es sind die Überlegungen der schlimmsten Materialisten, die mir in den Sinn kommen,* vertraut sie kurz vor ihrem Tod Agnès an. Sie weiß genau: *Später wird die Wissenschaft, da sie ständig neue*

Fortschritte macht, alles als natürlich erklären, man wird von allem, was existiert, den absoluten Grund kennen, und auch von allem, was noch ein Problem bleibt, denn es gibt noch vieles zu entdecken, usw. Gar nicht dumm, diese Thérèse Martin!

Vor ihrem sechzehnten Lebensjahr hatte sie „die im Evangelium verborgenen Schätze" (A 100) noch nicht gefunden. Einige Jahre später wird sie sagen können:

Im Evangelium finde ich alles, was meine arme, kleine Seele braucht. In ihm entdecke ich immer neue Klarheiten, verborgene und geheimnisvolle Bedeutungen . . . (A 184).

Hier schlägt sie feste Wurzeln. Sie begreift dies intuitiv: wie wären diese ersten Zeugen, intelligente und kritische Männer wie Matthäus, Lukas, Johannes, Paulus (als Juden und wahre Monotheisten!) zu einem Glauben an Jesus als ihren Herrn und Sohn Gottes gelangt, wenn sie nicht tragende Motive gehabt hätten? Thérèse selbst ist für die wunderbaren Zeichen, die Jesus ihr gibt und auf die sie sich gern in ihren Schriften beruft, immer sehr aufgeschlossen; so auch für das größte Zeichen, die Auferstehung Jesu, das Zeichen schlechthin, das der Vater gegeben hat, gleichsam die Unterschrift, die Gott unter die Botschaft Jesu zum Beweis für deren Echtheit gibt. Ein Jahr vor ihrem Tod wird Thérèse sogar eine persönliche Schriftkonkordanz über die Auferstehungsberichte zusammenstellen! . . . Sie hat das Evangelium „studiert"!

Thérèse ist eine aufrichtig Suchende. *Jesus, Du weißt, daß ich die Wahrheit suche* (B 203). Wenige Stunden vor ihrem Tod wird sie sagen: *Ja, mir scheint, ich habe nichts als die Wahrheit gesucht* (IGL 228). Da Gott, der alles Irdische übersteigt, in Jesus ein Wort zu uns gesprochen hat, hört sie auf dieses Wort. Und wenn es zu antworten gilt, ist sich Thérèse ihrer Verantwortung bewußt und gibt ihre Antwort, wobei sie sogar bis zum Äußersten geht: *Lieben, das heißt, alles schenken, ja sich selbst schenken* (G 54).

Thérèse hat das Dunkel des Glaubens gekannt, aber sie ist ihrem Glauben niemals untreu geworden. Die Nacht konnte einfallen, ein Gewittersturm beginnen, immer gab es für sie als gegebene Tatsache Jesus, Er war ihr ganzer Halt. *Ich laufe zu meinem Jesus* (C 222), sagte sie.

Als sie diesen Satz niederschrieb, besaß sie bereits eine große Erfahrung Seiner Gegenwart und Seines Handelns an ihr. Sie konnte Ihn also ganz einfach nicht mehr verlassen . . . Aber während der Krankheit ihres Vaters (wir kommen auf diese Periode zurück) hat sie noch nicht diese Überfülle an Gottes Selbstoffenbarung erhalten. Sie ist allerdings auf dem besten Weg dazu. In ihrem großen Kummer entdeckt sie das Antlitz Jesu und betrachtet es sehr oft. Hier sieht sie, daß der Vater Seinen vielgeliebten Sohn vom Leiden und vom Tod nicht verschont hat. Jesus hat Sein Leiden in Liebe auf sich genommen, und der Vater ließ das Leben im Tod aufbrechen. Für Thérèse wird so das unbegreifliche Geheimnis des Todes nicht mehr gänzlich sinnlos sein und auch nicht im Widerspruch zur Güte des Vaters stehen. „Jesus" wird für sie zum Beweisstück und Sein Wort zu ihrer starken Gewißheit. Schließlich behauptet sie ja nicht, es besser zu wissen als Er . . . Von nun an ist ihr Glaube wahrhaft „christlich".

*

Thérèse ist ein für unsere Zeit sehr interessanter Mensch, da sie mit unseren Fragen vertraut war und auch die jeweilige Antwort darauf gefunden hat. Aber diese tausenderlei Fragen und Versuchungen führen bei ihr zu keinem einzigen echten Zweifel. Niemals hat sie die Hand Jesu ausgelassen. Wenn sie ihre Glaubensnacht beschreibt, dann spricht sie schon von „Gewitter" (B 195), „Dunkelheit", „Kampf", „Qual", „Prüfung", „Tunnel", „Nebel", „Mauer" (C 219-221), selbst von „Versuchungen" (C 235), aber niemals von „Zweifel". Wenn sich ihrem Intellekt eine Frage stellt, so bedeutet das nicht, daß sie im

Innersten ihres Wesens daran zweifelt, daß Gott für sie eine Antwort bereit hat oder daß Er ihr nicht einen Ausweg zeigen wird.

Daher hat sich Thérèse niemals, um es einmal so zu sagen, aufgelehnt. Jedesmal hat sie in Gott und im Glauben an Ihn *den Frieden, ... der auch in den größten Prüfungen nicht von mir gewichen ist,* (A 184) wiedergefunden. Aber, so fügt sie hinzu, *wer Frieden sagt, sagt nicht Freude, oder zumindest nicht fühlbare Freude* (Brief 87).

Nicht jeder Christ muß unbedingt solche Glaubensnöte durchmachen wie Thérèse. Er muß sich auch nicht immer auf eigene Faust auf die Suche machen. Da wir uns am Wort Jesu festhalten können, können wir uns auch auf die Glaubenden stützen, die uns vorangegangen sind, auf den Glauben der Kirche, auf den Glauben Marias z.B. und der großen Heiligen, wie Thérèse. Das ist ein Vorteil, den wir in der Kirche haben. „Ich liebe die Kirche", sagte Thérèse (B 203). Auf unserem persönlichen Weg können wir uns das Licht, das uns von anderen her kommt, zunutze machen!

Die unlösbare Aufgabe

Dieses junge Mädchen von sechzehn, siebzehn Jahren ist nicht nur auf dem besten Weg, eine große Glaubende zu werden, sie ist bereits eine leidenschaftlich Liebende! Wenn sie Jemanden liebt, schenkt sie sich ganz!

Als sie ihr Elternhaus verließ, hatte sie ein klares Ziel vor Augen:

Ich will eine Heilige sein. Vor kurzem las ich Worte, die mir sehr gefallen. Ich erinnere mich nicht mehr, welcher Heilige sie gesagt hat; es war: „Ich bin nicht vollkommen, aber ich will es werden" (Brief 45).

Und Thérèse unterstreicht „ich will"!

In ihren Briefen aus den ersten Monaten ihres Ordenslebens kehren stets die gleichen Wendungen wieder: „eine Heilige" werden, „eine große Heilige" (Brief 52, 72, 80). Die Priorin, Marie de Gonzague, schüttet noch Öl ins Feuer, indem sie auf Thérèses Namenspatronin anspielt: „Sie sollen eine zweite heilige Teresa werden!" Thérèse teilt ihrer Schwester Céline mit, was sie darüber denkt:

Was Céline vielleicht nicht kennt, ist Jesu Liebe zu ihr, eine Liebe, die alles verlangt. Nichts ist ihr unmöglich. Sie will der Heiligkeit ihrer Lilie keine Grenzen setzen. Die Grenze Seiner Liebe ist, daß sie keine hat . . . Wir sind größer als das ganze Weltall (Brief 83).

Was bedeutet das: heilig werden? Wie könnte Thérèse es anders sehen als ein „Ja" ohne Einschränkungen gegenüber den radikalsten Forderungen der Liebe, egal welchen auch immer? Auch hierüber spricht sie wieder zu Céline:

Jesus verlangt von Dir alles, alles, alles, ebensoviel, wie Er von den größten Heiligen verlangen kann.

Und sie unterstreicht das dreimalige „alles", jeweils zwei, drei und fünf Mal (Brief 57).

Aber weiß sie überhaupt, was das bedeutet: alles geben? Man kann sich das alles voller Begeisterung gut ausmalen, aber wenn die Forderungen der Liebe wie Wellen unaufhörlich heranbranden, dann fühlt man sich sehr schnell arm und bloß - selbst wenn man eine künftige heilige Thérèse von Lisieux ist . . . Jesus ist nicht gekommen, um den Frieden zu bringen, sondern das Schwert (Mt 10,34) und das tägliche Kreuz (Lk 9,23). Der Schüler steht nicht über seinem Meister (Mt 10,24)(vgl. Brief 57), der in Seiner Angst Blut schwitzte, als Er das Leiden und den Tod nahen sah (Lk 22,44).

Weiß die junge Thérèse Martin um ihre Verwegenheit, als sie schreibt: *Es ist unglaublich, wie groß mir mein Herz erscheint, wenn ich all die Schätze der Erde betrachte, weil ich sehe, daß alle zusammen es nicht zufriedenstellen könnten. Aber wenn ich*

Jesus betrachte, wie klein kommt es mir dann vor! . . . Ich möchte Ihn so sehr lieben! . . . Ihn mehr lieben, als Er je geliebt wurde! (Brief 74).

Also eine Art Weltrekord in der Liebe zu Gott! Wie wir gesehen haben, um die „Leistung" in der Liebe einer Teresa von Avila zu erreichen und sie, wenn möglich, noch zu verbessern. Ein heiliger Wettstreit auf höchster Ebene! Die Konfrontation Davids mit dem Riesen Goliath, wo die heilige List des Kleinen die fehlende Kraft ersetzen mußte!

*

Der Zustand großen Leidens, in dem sich Thérèse bald befinden wird, wird ihr ihre Grenzen aufzeigen. Aber im Moment betrachtet sie ihre Schwäche und ihr Fallen eher als ein Mehr an Leiden, das eine Art Privileg darstellt und ihr so erlaubt, Gott noch demütiger und intensiver zu lieben: nicht mit weniger, sondern mit einer realistischeren Liebe! Die junge Novizin nimmt kaum etwas von ihrem Ideal zurück, drückt es nicht herunter! Auch wenn ihre Briefe immer mehr die Erfahrung ihrer eigenen Schwäche bezeugen.
Welche Gnade, wenn wir uns am Morgen ohne Mut, ohne Kraft fühlen, um die Tugend zu üben; dann ist das der Augenblick, um die Axt an die Wurzel des Baumes zu legen. Statt seine Zeit damit zu verlieren, ein paar Strohhalme aufzulesen, schürft man Diamanten. Welcher Gewinn am Ende des Tages (Brief 65).
Ich möchte bei Ihnen gern ein wenig Kraft und Mut borgen, diesen Mut, der uns alles überwinden läßt (Brief 75) . . .

Sie nennt sich „die Schwachheit selbst" (Brief 79).
Und im Grunde ist es eine Chance, schwach zu sein:
Du möchtest, daß Dein Herz eine Flamme ist, die ohne den geringsten Rauch zu Ihm aufsteigt. Gib gut acht: Der Dich einhüllende Rauch ist nur für Dich da, um Dir die gesamte Sicht

auf Deine Liebe zu Jesus zu rauben. Von Ihm allein wird die Flamme gesehen, dann hat Er sie wenigstens ganz. Denn wenn Er sie uns auch nur ein wenig zeigt, kommt sofort die Eigenliebe wie ein widriger Wind und löscht alles aus (Brief 81).
Welch unaussprechliche Freude, unser Kreuz schwach zu tragen (Brief 82).

In der Zwischenzeit ist ihr vieles klar geworden.
Glauben wir nicht, daß wir lieben können, ohne zu leiden, ohne viel zu leiden . . . Unsere arme Natur ist da! . . . Und sie ist nicht umsonst da! . . . Sie ist unser Reichtum, unser Broterwerb! . . . Leiden wir mit Bitternis, ohne Mut! . . . Jesus hat mit Traurigkeit gelitten! Würde die Seele ohne Traurigkeit überhaupt leiden? . . . Céline, welche Illusion! . . . Wollten wir niemals fallen? . . . Was macht es aus, mein Jesus, wenn ich jeden Augenblick falle. Ich sehe daran meine Schwachheit, und für mich ist es ein großer Gewinn . . . (Brief 89).

Kurz vor ihrer Profeß, nach zweieinhalb Ordensjahren, wird sie bekennen:
Du täuschst Dich, wenn Du glaubst, Deine kleine Thérèse schreite stets voll Eifer auf dem Weg der Tugend. Sie ist schwach, sogar sehr schwach, das erfährt sie täglich neu; aber Jesus gefällt es, sie wie den heiligen Paulus die Wissenschaft zu lehren, sich ihrer Schwachheiten zu rühmen. Das ist eine große Gnade, und ich bitte Jesus, sie Dich zu lehren, denn nur da sind Friede und Ruhe im Herzen zu finden (Brief 109).

Unter Hochspannung

Das hohe Ideal, das Thérèse vorerst mit ihren eigenen Mitteln zu erreichen sucht, stellt sie vor eine ungeheure Aufgabe! Thérèse kann und will nichts ihrer liebenden Aufmerksamkeit entgehen lassen! Ihre Sorgfalt in den kleinsten Dingen verstärkt sich noch. Keine Schwachstelle will sie in

ihren Befestigungsmauern zulassen! Beim Heiligsprechungsprozeß werden die Schwestern die minutiöse Wachsamkeit Thérèses hervorheben, ihre Treue in den kleinsten Regelpunkten, ihren Gehorsam gegenüber jedem noch so geringen Wunsch, den Marie de Gonzague äußerte und den diese selbst bereits nach einigen Tagen vergaß. So eine Einstellung hätte sicherlich an Skrupulosität und Verbortheit grenzen können, wenn Thérèse nicht vom Feuer der Liebe motiviert gewesen wäre.
In ihren Briefen kehren oft Wendungen wieder, die ihr besonderes Bedachtsein auf die kleinen Dinge und den Wert, den diese haben, hervorheben: eine „Träne", ein „Seufzer", ein „Blick", ein „Strohhalm", ein „Nadelstich" . . .
Ah! Nützen wir die kürzesten Augenblicke aus, machen wir es wie die Geizigen, seien wir eifersüchtig bedacht auf die kleinsten Dinge für den Viel-Geliebten (Brief 101).

Die übergroße Liebe Jesu muß mit gleicher Münze vergolten werden:
Jesu Liebe zu Céline kann nur von Jesus selbst verstanden werden! . . . Jesus hat für Céline Torheiten begangen. Möge auch Céline für Jesus Torheiten begehen . . . Liebe wird nur durch Liebe bezahlt, und die Wunden der Liebe werden nur durch die Liebe geheilt (Brief 85).

Das Wort „unmöglich" ist vorläufig aus ihrem Wortschatz gestrichen:
Die Liebe vermag alles; die unmöglichsten Dinge erscheinen ihr nicht schwierig. Jesus schaut nicht so sehr auf die Größe der Taten, noch darauf, wie schwierig sie sind, als auf die Liebe, mit der sie vollbracht werden (Brief 65).
Nicht, „was" man tut, sondern „wie" und „warum" man es tut, bestimmt also den Wert unserer: *armen und schwachen, kleinen Liebe . . . Es ist wahr, manchmal verschmähen wir es ein paar Minuten lang, uns einen Vorrat an Schätzen anzulegen . . . Aber*

mit einem Akt der Liebe, selbst wenn er nicht gefühlt wird, ist alles wieder gutgemacht (Brief 65).

Sie hat auch den Eindruck, daß Liebe und Leiden gemeinsam wachsen:
Je mehr Seine Lilie in der Liebe wächst, desto mehr muß sie auch im Leid wachsen (Brief 83).
Das Ideal des Martyriums gehörte von jeher wesentlich zum Weltbild von Thérèse. Mit neun Jahren vernahm sie, als sie die Geschichte der Jeanne d´Arc las, den Ruf zu dem großen Abenteuer, heilig zu werden. Thérèse spürt, daß auch sie *zum Ruhm geboren ist, daß aber ihr Ruhm sterblichen Augen nicht ansichtig werden sollte, daß er darin bestehen würde, eine große Heilige zu werden* (A 66).

Jeanne d´Arc wird für Thérèse immer eine verwandte Seele bleiben, als Karmelitin wird sie sie zur Heldin in zwei ihrer Theaterstücke machen (Récréations Pieuses 1 und 3). Das Martyrium, so bekennt Thérèse, ist *der Traum meiner Jugend. Dieser Traum ist in der Zelle des Karmel mit mir gewachsen* (B 198).
Nun beginnt das Martyrium, schreibt sie in ihrem ersten Brief nach der Einlieferung ihres Vaters in die Anstalt, *treten wir gemeinsam in die Schranken* (Brief 82). *Lieber sterben, als den ehrenvollen Kampfplatz zu verlassen, auf den die Liebe Jesu sie gestellt hat* (Brief 83).

Der fanatische Antiklerikalismus in Frankreich schloß die Möglichkeit einer Kirchenverfolgung nicht aus, aber darauf wartet Thérèse nicht:
Sterben wir an Nadelstichen, bevor wir durch das Schwert sterben (Brief 86).
Das unbekannte Martyrium, das Gott allein bekannt ist . . ., ein Martyrium ohne Ehre, ohne Triumph . . . das ist die Liebe, bis zum Heroismus (Brief 94).

*

Thérèse „dürstet danach, zu leiden und vergessen zu sein", wenn sie ihren Blick auf den leidenden Gottesknecht richtet (A 157). So wie ihr geistlicher Führer, der heilige Johannes vom Kreuz, wählt sie als „ihren einzigen Anteil hier auf Erden das Leiden und die Verachtung" (A 162). Wenn das Leben, laut Teresa von Avila, nichts anderes ist als „eine Nacht, die man in einer schlechten Herberge verbringt", dann schließt ihre Tochter und Namensschwester von Lisieux daraus, daß es dann besser wäre, „in einer ganz schlechten Herberge zu wohnen, als in einer nur halb schlechten..." (Brief 49). Also „leiden und immer wieder und immerfort leiden" (Brief 81)!

Zu der Zeit damals trägt das Leiden noch einen Heiligenschein! Drei Monate nach „Caen" wird Thérèse so weit gehen, die Heiligkeit als den liebenden und entschlossenen Willen zu leiden zu definieren:

Die Heiligkeit besteht nicht darin, schöne Dinge zu sagen, sie besteht nicht einmal darin, sie zu denken oder zu fühlen! ... Sie besteht darin, zu leiden und an allem zu leiden.

Und die junge Schwester zitiert dabei Pater Pichon:
Die Heiligkeit muß mit der Spitze des Schwertes erobert werden..., man muß leiden..., man muß mit dem Tod ringen ... (Brief 89).

Stellt nicht alles, was es nun wegen der Krankheit ihres Vaters zu erdulden gilt, eine einzigartige Gelegenheit dar?
Welchen Vorzug gewährt uns Jesus, daß Er uns einen so großen Schmerz schickt ... Überreich schenkt Er uns Seine Gnadenerweise, wie Er es bei den größten Heiligen tat ... Jetzt haben wir nichts mehr auf Erden zu erwarten, nur noch Leiden und nochmals Leiden. Wenn wir am Ende sind, wird immer noch das Leid da sein und seine Arme nach uns ausstrecken, oh! welch beneidenswertes Los! (Brief 83).

Unbewußt hält Thérèse an der Vorstellung fest, daß die Heiligkeit schließlich und endlich von ihrem Leiden abhängt, also von ihr selbst. Man muß sie „erwerben". „Mit dem Schwert"! Mit seinem Blut bezahlen . . . Jedes Stück Leiden ist eine Goldmünze, mit der man sich den reichen Schatz der Heiligkeit erkauft. Die Gelegenheiten hiezu sind Legion. Thérèse sieht sich in ihrer persönlichen Situation „von ungeheuren Reichtümern umgeben" (Brief 81). Diese Prüfung „ist eine Goldader, die es auszubeuten gilt" (Brief 82). Und Thérèse erinnert ihre Schwester Marie an die Ratschläge, die diese seinerzeit ihrer kleinen Schwester in den Buissonnets gab:

Ich höre Sie mir noch sagen: „Schau die Kaufleute, wie sie sich anstrengen, um Geld zu verdienen, und wir können jeden Augenblick Schätze für den Himmel zusammensammeln, ohne uns so abzumühen. Wir müssen bloß die Diamanten mit einem Rechen zusammenkehren!" Und frohen Herzens lief ich weg, voll guter Vorsätze! . . . Vielleicht wäre ich ohne Sie nicht im Karmel! . . . (Brief 91).

Die Tochter zweier Kaufleute

Wenn wir jetzt in unseren Betrachtungen weitergehen, so können wir feststellen, daß die religiöse Erziehung der kleinen Thérèse von der Sorge gekennzeichnet war, etwas zu erringen, anzuhäufen, zu gewinnen und es auch zu vermerken. Sicherlich hatte dies positive Auswirkungen auf Thérèses Entwicklung. Ihre Großzügigkeit, ihre Energie und ihr geistiger Fortschritt wurden dadurch gefördert. Aber zugleich wurde die Haltung des „Selbermachens" bei ihrem geistlichen Bemühen gefördert, wo sie schon von Natur aus ziemlich ehrgeizig und unternehmungslustig war.

Unserer Ansicht nach darf man niemals vergessen, daß Thérèse eine Tochter von Geschäftsleuten ist. Ihr Vater war zwanzig Jahre lang erfolgreicher Uhrmacher und Juwelier. Zwei Jahre vor Thérèses Geburt gab er das Geschäft auf und widmete sich ganz dem Unternehmen seiner Frau, der Herstellung von

Spitzen, was noch einträglicher war.

Geschäfte machen, arbeiten, Geld verdienen, Umsätze machen und das Geld anlegen, Buchführung, all das gehört spezifisch zum familiären Umfeld der kleinen Thérèse. Diese Luft atmet sie, ebenso wie ihre vier Schwestern, die die Kleine mitbeeinflussen. Die Martin sind eine unternehmungslustige Familie, auch auf dem Gebiet des geistlichen Lebens und der Heiligkeit! Thérèse nimmt bereits im Alter von vier Jahren teil an den „Übungen": nämlich kleine, freiwillige Opfer zu bringen und sie zu zählen (A 20, 24). Schon sehr früh bekommt sie von Agnès Unterricht, und jedes Jahr gibt es vor den großen Ferien eine feierliche Preisverteilung. Aber . . . nur Preise, die Thérèse sich erarbeitet hat!

Hier wie überall blieb die Gerechtigkeit gewahrt, und ich erhielt nur die verdienten Belohnungen.

Die folgende Assoziation ist sehr bezeichnend:

Mein Herz klopfte gar heftig bei der Entgegennahme der Preise und der Krone . . . Es war für mich wie ein Bild des Jüngsten Gerichts (A 41).

Beim Jüngsten Gericht werden wir den verdienten Lohn erhalten!

Nachdem Agnès ins Kloster gegangen ist, übernimmt Marie die weitere Erziehung. Hören wir, wie die große Schwester Thérèse, die nun elf Jahre zählt, auf ihre Erstkommunion vorbereitet:

Ich setzte mich auf ihren Schoß und lauschte begierig auf das, was sie mir sagte . . . Wie die berühmten Krieger ihre Kinder das Waffenhandwerk lehren, so sprach sie zu mir von den Kämpfen des Lebens und von der Palme, die den Siegreichen winkt . . . Marie sprach auch von den unvergänglichen Gütern, die man tagtäglich mit Leichtigkeit sammeln kann; von dem Unglück, an ihnen vorbeizugehen, ohne sich die Mühe zu nehmen, die Hand auszustrecken und sie zu ergreifen.

Kampf, Reichtum . . . Und die Mittel dazu:

Dann wies sie mich auf das Mittel hin, durch die Treue in den kleinsten Dingen heilig zu werden; sie gab mir das Blättchen „Von der Entsagung", und ich meditierte darüber mit Wonne (A 69).

Reich zu werden nach der Art eines geistlichen Kaufmanns, mit der Präzision und Aufmerksamkeit eines Uhrmachers, dazu ein außerordentlich feines Spitzenmuster: das ist es, was Thérèse im Blut liegt!

Agnès nimmt noch von ihrem Karmel aus regen Anteil! Sie hat ein schönes buntes Heft für zehn Wochen zusammengestellt, das für jeden Tag ein kurzes Gebet vorsieht, und jeder Tag trägt den Namen einer Blume. Thérèse soll als Vorbereitung auf ihre Erstkommunion dieses kurze Gebet oft sprechen und viele kleine Opfer bringen, die durch die Blume symbolisiert werden; sie soll diese Opfer in ihr Heft eintragen und sie am Tag ihrer Erstkommunion Jesus schenken. Thérèse fühlt sich wie im Himmel!

Du kannst Dir das Glück nicht vorstellen, das ich empfand, als Marie mir Dein schönes Büchlein zeigte. Ich fand es entzückend. Nie habe ich etwas so Schönes gesehen, und ich konnte mich gar nicht satt daran sehen. Jeden Tag versuche ich, so viele Übungen zu machen, wie ich nur kann, und ich tue alles, um mir keine Gelegenheit entgehen zu lassen. In meinem Herzen bete ich die kleinen Anrufungen, die der Duft der Rosen sind, so oft ich kann (Brief 11).

Und dies ist das Resultat! In 68 Tagen: 1949 kleine Opfer (das heißt 27 pro Tag) und 2773 kurze Gebete (40 pro Tag)!

Der Unterricht in der Schule der Abtei unterstreicht gleichermaßen die Wichtigkeit der guten Werke und die Beharrlichkeit. Thérèse vermerkt in dem Heftchen mit den Predigten während der Vorbereitungsexerzitien auf ihre Erstkommunion:

Ich habe mir vorgenommen, mich anzustrengen, um gut zu werden und viele gute Werke zu haben, die ich dem lieben Gott vorweisen kann.

Wenden wir uns wieder dem Karmel zu, wo Thérèse nun in die Schule des Leidens geht... Gegenwärtig muß sie mehr denn je das, was Marie sie lehrte, in die Tat umsetzen! Knapp vor ihrem Eintritt hatte sie es sich wieder ins Gedächtnis gerufen:
Ich wünsche nur eines, wenn ich im Karmel sein werde: immer für Jesus zu leiden. Das Leben geht so rasch vorüber, daß es wirklich besser ist, eine sehr schöne Krone und ein wenig Leid zu haben, als eine gewöhnliche ohne Leid (Brief 43).

Ihre Wachsamkeit ist sehr groß:
Ein Tag im Leben einer Karmelitin ohne Leid ist ein verlorener Tag (Brief 47).
Das Sandkorn will trotz seiner Kleinheit sich eine schöne Ewigkeit vorbereiten. Auch für die Seelen der Sünder will es das tun (Brief 54).

Viel kämpfen, viel leiden, geistliche Reichtümer sammeln: wir haben bereits auf diese sprachlichen Ausdrücke Thérèses in ihren ersten Ordensjahren hingewiesen - es ist eine oft kämpferische Sprache, manchmal verherrlicht sie das Leid, oft hat sie eine ökonomische Färbung.
Kein Leid ist zu viel, um die Siegespalme zu erringen (Brief 55).
Und sie fügt den Gedanken des Zeitdrucks hinzu:
Die Zeit vergeht schnell, ich sehe, wie sie mir mit erschreckender Geschwindigkeit entgleitet (Brief 62).

Und die Schlußfolgerung?
Beeilen wir uns also, unsere Krone zu gestalten (Brief 94).
Ihr Ideal ist so hoch gesteckt und so schwierig, daß sie in ihrer Liebe sozusagen ständig laufen müßte, ohne dabei kaum je den Boden zu berühren. Aber das ist unmöglich, es ist unmenschlich. Daraus resultieren ihre Klagen wegen ihres

Unvermögens, ihrer Lauheit, ihrer täglichen Schwäche, wie wir sie schon gehört haben. Thérèse muß sich innerlich entwickeln und geläutert werden, ehe sie glücklich darüber sein kann, vor Gott mit leeren Händen zu erscheinen und zu begreifen, daß sie Gott aufgrund Seiner Barmherzigkeit und nicht wegen ihrer eigenen Treue empfangen wird!

Gewissensfragen

Es gibt da auch noch etwas anderes. Ein gelegentlich unvermeidlicher Mangel in der Übung der vollkommenen Liebe konnte bei der eifrigen Novizin insgeheim Gewissensnöte hervorrufen, was allerdings mit dazu beigetragen hat, daß sie sich das Unterfangen der Selbstheiligung aus den Händen hat nehmen lassen.

Thérèse hat ein sehr zartes Gewissen. Der geringste Fehler wird von ihr stark beachtet und löst schnell Unruhe und Zweifel an ihr selbst aus. Da Thérèse in ihrer psychischen Verfaßtheit sehr empfindsam ist, wird sie es durch ihr seelisches Wachstum noch umso mehr. Als Kind ist sie die ganze Nacht hindurch wach geblieben, wenn sie das Gefühl hatte, daß der liebe Gott mit dem vergangenen Tag nicht ganz zufrieden gewesen sein könnte. Später artet diese besondere Feinfühligkeit unter dem Einfluß einer latenten affektiven Frustration (seit dem Tod ihrer Mutter) und möglicherweise auch durch das völlige Fehlen einer Erziehung zu einer gesunden Sexualität in ihren Pubertätsjahren zu Angstgefühlen und Skrupeln aus (vgl. A 81, 87 und 88).

Nachdem sie dann diese Krise überwunden hat, bleibt dennoch eine verborgene Unruhe zurück. Thérèse hat der Moral ihrer Zeit, die so leicht etwas zu einer schweren Sünde erklärte, ein hartes Lehrgeld zahlen müssen. Für sie bedeutet es eine enorme Erleichterung, als ihr Pater Pichon kurz nach ihrem Eintritt in den Karmel versicherte, daß sie niemals eine Todsünde begangen hat. Aber er fügt hinzu: „Wenn Gott Sie im Stich

lassen würde, so wären Sie statt eines kleinen Engels ein kleiner Teufel." *Ach, es fiel mir nicht schwer, das zu glauben,* fährt Thérèse fort, *ich spürte, wie schwach und unvollkommen ich bin.*
Der Grund für ihre Qualen ist seltsam: *Ich fürchtete so sehr, mein Taufkleid befleckt zu haben* (A 154).

Offensichtlich ging es ihr nicht so sehr und einzig und allein um die Furcht, gerade im Stand der Sünde zu sein, sondern um eine Art Ehrenpunkt betreffend ihre ganze Treue in der Vergangenheit, das heißt, darum, daß sich auf ihrer Weste kein schwarzer Fleck befände . . . Das setzt die Sorge voraus, vor Gott „vollkommen" zu erscheinen, makellos, so daß man sich vor sich selbst nicht schämen muß . . . Diese Haltung ist zwar sehr schön, kann aber viel versteckte Eigenliebe in sich bergen. Jedenfalls sind wir noch weit von der Einstellung entfernt, die Thérèse auf dem Höhepunkt ihrer geistigen Reife besitzen wird, wenn dann jedes Schauen auf sich selbst unter dem Blick der unendlichen und heiligmachenden Barmherzigkeit Gottes dahinschwindet:
Wenn ich auch alle nur möglichen Verbrechen begangen hätte, wäre mein Vertrauen doch genauso groß. Ich fühle es, diese ganze Masse von Sünden wäre wie ein Wassertropfen, den man auf glühende Kohlen fallen läßt (IGL 95).

Thérèse hatte mit dieser Sündenproblematik viel zu kämpfen. Schwester Agnès bezeugt, daß am Beginn ihres Ordenslebens diese Furcht, Gott zu beleidigen, Thérèse das Leben „vergällte" (Seligsprechungsprozeß). Denn Thérèse beging natürlich Fehler, wenn auch sehr kleine. Und dazu war ihre Zeit stark vom Jansenismus geprägt: die Fehler wurden sehr streng beurteilt, und man machte sich ihretwegen heftige Vorwürfe. Als Thérèse sich einmal in der Beichte bei M. Youf anklagt, daß sie oft während der Messe ihres Schlafs nur schwer Herr werden kann, weist dieser Priester sie scharf zurecht, indem er ihr klarmacht, daß sie damit Gott beleidigt! Den anderen Schwestern ergeht es mit ihm nicht besser . . . Eines Tages ermutigt er eine Schwester folgendermaßen: „Mein armes Kind, alles, was ich Ihnen sagen kann, ist, daß Sie mit einem Fuß bereits in der Hölle stehen und daß Sie, wenn Sie so weitermachen, auch mit dem zweiten Fuß bald dort sein werden."

Aber die Priorin, Marie de Gonzague, tröstet sie: *Beruhigen Sie sich, ich bin schon mit beiden dort!* (Brief 112).

Thérèses Sorge um ihre völlige Reinheit wird nach und nach in dem Maße geringer, als sie immer mehr von dem Bewußtsein um die nachsichtige Beurteilung durch Gott geprägt wird. Das geht ganz klar aus einem Brief hervor, den sie einige Tage vor ihrer Profeß schreibt:

Sagen Sie Jesus, Er möge mich am Tag meiner Profeß zu sich nehmen, wenn ich Ihn später noch beleidigen sollte . . . Doch mir scheint, Jesus kann mir wohl die Gnade schenken, Ihn nicht mehr zu beleidigen oder besser . . . nur noch solche Fehler zu machen, die Ihn nicht beleidigen, sondern die einen nur demütigen und die Liebe stärken (Brief 114).

Ein gutes Jahr nach ihrer Profeß am 8. September 1890 trifft sie während der Jahresexerzitien Pater Prou. Dieser Prediger sagt ihr, daß ihre Fehler dem lieben Gott „nicht wehtun". Thérèse erklärt, daß sie an diese Möglichkeit noch gar nicht gedacht hat. Der Priester *wirft sie mit vollen Segeln in die Fluten des Vertrauens und der Liebe* (A 177).

So befreiend diese Botschaft auch sein mag, so scheint Thérèse sich doch noch immer nicht sorglos auf diesen Ozean der verstehenden Liebe Gottes hinauszuwagen. Fünfzehn Monate später muß Pater Pichon sie erneut heftig zur Ordnung rufen:
Nein, nein, Sie haben keine Todsünden begangen. Ich schwöre es. Nein, man kann keine Todsünde begehen, ohne es zu

wissen. Nein, nach der Lossprechung darf man nicht mehr daran zweifeln, im Zustand der Gnade zu sein. Lassen Sie also all die Unruhe. Gott will es, und ich befehle es Ihnen. Glauben Sie mir aufs Wort: Niemals, niemals, niemals haben Sie auch nur eine einzige Todsünde begangen (Brief vom 20. Jänner 1893).

Thérèse fügt sich

Fest steht, daß Thérèse zu Beginn meinte, selbst den Berg der Heiligkeit erklimmen zu können, wenn sie sich nur gehörig anstrengte. Sie verstand noch nicht, daß allein die „Arme" Jesu sie zum Gipfel hinauftragen konnten. Es stimmt, daß das Bild von den Armen in Thérèses Briefen auftaucht, aber sie erwägt ausdrücklich die Möglichkeit, daß Jesus sie auch wieder auf die Erde stellt. Das ist allerdings kein Problem für sie, ihre Armut wird zu einem Trumpf für ihre Demut und somit für ihre Heiligkeit (Brief 89). Später wird sie ihre Sichtweise ändern: Jesus wird sie sicher halten und tragen; Er muß es tun, sonst wird sie es niemals schaffen; wenn sie ihren eigenen Kräften überlassen wird, so bleibt sie nichts als ein „armes Sandkorn" und die Heiligkeit „ein Berg, dessen Gipfel sich im Himmel verliert" (C 214).

Während der ersten Jahre ihres Ordenslebens wächst in ihr nach und nach folgende Überzeugung: *Aus eigener Kraft kann ich nicht heilig werden, das übersteigt meine Kräfte!* Der Wunsch an ihrem Profeßtag: *die unendliche Liebe, die keine andere Grenze kennt als Dich*, ist zu einer nicht nur einfach überhöhten, sondern auch zu einer übermenschlichen Aufgabe geworden.

Thérèse stellt fest, daß sie noch immer recht oft Fehler „in den kleinen Dingen" begeht. Sie fühlt sich unvermerkt an den Fuß einer Mauer gestellt und mit ihrer eigenen Ohnmacht unerbittlich konfrontiert. Und der geliebte Gott wird immer lieber zu ihr. So wird das Ideal von der gegenseitigen Liebe immer größer. Wie kann man je das tun, was Gott für uns getan hat?

Wie kann man mit Ihm wetteifern? Wie Ihm Gleiches mit Gleichem vergelten? Gott wächst in ihren Augen schneller, als die Kraft ihres Herzens zunehmen kann! Wenn Thérèse liebt, betet, die Schrift und den heiligen Johannes vom Kreuz meditiert, so fühlt sie mit immer wachsendérer Intensität den unendlichen Wert des Allheiligen, des Absoluten Seins, das die aus freien Stücken geschenkte Liebe ist... Und diese Schau bewirkt in ihr in einem hohen Maße das Gefühl ihrer eigenen Unzulänglichkeit. Der schöne Traum ihrer Liebe - eigentlich: ihrer eigenen Liebe - wird zerstört, und auf den Trümmern verwirklicht Gott den Traum, den Er für Thérèse hat.

Bis jetzt bedeutete für Thérèse ihr Ungenügen ein Hindernis, etwas, das es zu überwinden galt. Nun aber lernt sie es langsam, den Weg der Hingabe zu gehen. Unter dem Gewicht des ungeheuren Programms rückt der Wunsch, zur vollkommenen Liebe zu gelangen, immer mehr in den Hintergrund, um Gott immer mehr die Initiative zu überlassen. Die Beziehung „ich-Du" erfährt allmählich eine Umkehrung und wird zu einem „Du-ich". Nach und nach wird die verkrampfte Haltung des „Ich will es tun, und ich werde es für Dich tun" zu dem viel ruhigeren und vertrauensvolleren: „Für mich ist es unmöglich, Du mußt es also für mich tun."

Dieser Prozeß des Armwerdens geht für Thérèse nicht ohne Leiden und Schmerzen vor sich. Aber so lernt sie es loszulassen. Die Heiligkeit ist nicht mehr Produkt ihrer eigenen Vervollkommnung, sondern ein Geschenk Gottes. Sie lernt, sich vollständig der Gnade Gottes anzuvertrauen, die allein heiligmacht. Dies wird ihre große Bekehrung von Ende 1894 sein! Aber wir greifen dem Geschehen vor; wir müssen noch eingehender betrachten, was in den Jahren 1893 und 1894 geschehen ist.

Entspannung durch die Hingabe

Im Februar 1893 - Thérèse ist zwanzig Jahre alt und fast fünf

Jahre im Kloster - verändert sich die Lage der Kommunität erheblich: Schwester Agnès folgt Marie de Gonzague als Priorin nach! An die Stelle einer autoritären, manchmal stiefmütterlichen Herrschaft tritt die Leitung durch die „zweite Mama" (A 28) Thérèses! Sie schreibt:

Ich bin von Natur aus so beschaffen, daß die Furcht mich zurückweichen läßt, mit der Liebe aber schreite ich nicht nur voran, ich fliege... O meine Mutter! Vor allem seit dem gesegneten Tag Ihrer Wahl flog ich dahin auf den Wegen der Liebe... . An diesem Tag wurden Sie für mich zur Verkörperung Jesu... (A 178).

Noch dazu ist M. Martin am 10. Mai 1892 gelähmt und geistig verwirrt in die Familie zurückgekehrt. Da die Zeit die Wunde ein wenig hat vernarben lassen, sind das Leid und die Schande von „Caen" jedoch im Moment nicht so schlimm.

Das psychologische Umfeld, in welchem Thérèse nun lebt, ist also viel ruhiger geworden. Das äußere Leid wurde kleiner und das Bewußtsein um die eigene Ohnmacht größer, und ihr Traum vom Kleinsein - klein wie ein Sandkorn - ändert also seinen Charakter. Gegenwärtig geht es Thérèse weniger darum, in den Augen der anderen, als bewußt in den eigenen Augen klein zu werden. Nach nichts mehr trachten, was dich vor dir selbst größer macht! Auf keinem Gebiet mehr Besitzansprüche stellen, nicht einmal auf dem der eigenen Liebe!

Nach ihren persönlichen Exerzitien im Jahr 1892 schreibt Thérèse an Céline einige sehr bedeutungsvolle Zeilen, in denen sie die neuen Gedanken ausdrückt, die gerade in ihr reifen:

Jesus sagt zu uns - wie zu Zachäus -, daß wir herabsteigen sollen... Wohin sollen wir denn herabsteigen?... Wir sollen so arm sein, daß wir nichts haben, wohin wir unser Haupt legen könnten. Das, geliebte Céline, hat Jesus während meiner Exerzitien in meiner Seele gewirkt... Du verstehst, es handelt sich um ein inneres Geschehen. Ist das Äußere nicht bereits zu nichts geworden, durch die so schmerzliche Prüfung von Caen? . . . In unserem geliebten Vater hat Jesus den empfindlichsten äußeren Teil unseres Herzens getroffen. Lassen wir Ihn jetzt handeln. Er weiß, wie Er Sein Werk in unseren Seelen vollenden wird . . . Jesus wünscht, daß wir Ihn in unseren Herzen empfangen. Zweifellos sind sie bereits leer von den Geschöpfen, aber leider fühle ich, daß meines noch nicht ganz leer von mir selbst ist, und deshalb sagt Jesus zu mir, ich soll herabsteigen (Brief 137).

Der Wunsch nach Entäußerung und das Bestreben zu verschwinden sind nun auf das intimste und persönlichste Niveau zentriert, es ist dies der normale Prozeß der Verinnerlichung, wie er sich bei dem ereignet, der Gott großherzig sucht. Oft erst nach Jahren kommen solche Menschen darauf, wie subtil ihr Stolz und ihre Eigenliebe sich zu verbergen wissen. In den vergangenen Jahren 1888-1892 hatte sich Thérèse besonders um die Demut bemüht, wobei sie suchte, von den anderen nicht beachtet zu werden, um nur von Jesus gesehen zu werden und Ihm damit mehr Liebe und eine reinere Liebe schenken zu können. Die Jahre 1893-1894 hingegen können durch die Entdeckung der spirituellen Armut charakterisiert werden: Thérèse überläßt sich mehr und mehr dem vorrangigen Handeln Gottes in ihr und erwartet, daß Gott die Ohnmacht ihrer Liebe durch die Kraft und die große Freigebigkeit in Seiner Liebe ausgleicht.

*

Am 6. Juli 1893 taucht in ihren Schriften zum ersten Mal ein neues Wort auf: „Sich hingeben, sich fallen lassen" („abandon") (Brief 142).

Es ist sonnenklar, daß Thérèse dieses Wort seit langem kannte, und bei den Schwierigkeiten wegen ihres Eintritts hatten ihre Schwestern sie ausdrücklich zur „Hingabe" ermuntert (A 149). Aber Thérèse hatte bisher dieses Wort nicht wirklich in ihren Wortschatz aufgenommen, es wurde nicht zu ihrem geistigen Besitz, noch nicht zu einem Punkt in ihrem geistigen Programm.

Wenn wir z. B. ihre Hingabe von früher mit der von 1897, ihrem Todesjahr, vergleichen, dann sehen wir den Unterschied! Im Jahr 1887 ist die Hingabe eine Folge der Prüfung; zehn Jahre später eine Folge ihres positiven Gottesbildes, als des Gottes, der sie voller Erbarmen an sich zieht. 1887 ist die Hingabe von Kummer begleitet; später ist sie Quelle tiefer Freude. 1887 bewegt sich die Hingabe in den Grenzen der konkreten Schwierigkeiten, die es zu überwinden gilt; später wird sie zu einem Lebenselement, das alles in sich einschließt. So ist diese neue Form der Hingabe, wie sie im Jahr 1893 aufscheint und in ihren Schriften erstmals mit diesem Namen benannt wird, ihrem endgültigen Zustand viel näher als dem Beginn ihrer Entwicklung.

Lassen wir Thérèse in bezug auf diese neue Sicht der Dinge das Wort. Am 6. Juli 1893 (Brief 142) schreibt sie an Céline, ihre Vertraute:

Das Verdienst besteht nicht darin, viel zu tun oder viel zu geben, sondern darin, zu empfangen und viel zu lieben . . . Lassen wir Ihn alles nehmen und geben, was Er will. Die Vollkommenheit besteht darin, Seinen Willen zu tun (Brief 142).

Wie weit sind wir da von ihrer Anschauung von 1889 entfernt! Damals mußte man sich die Heiligkeit „mit dem Schwert erringen", der einzige Weg zum Heil lag darin, „in allem zu leiden"! Thérèses Ideal besteht noch immer darin, „viel zu lieben", aber ihre eigene Tätigkeit stellt sie unter das Zeichen der Hingabe an den Willen Gottes, wie immer dieser aussieht, selbst wenn dieser Wille im Gegensatz zu ihrem früheren Programm des „viel Leidens" steht! Und ihre Liebe scheint weniger besorgt zu sein, wo sie steht!

Wie leicht ist es, Jesus zu gefallen, Sein Herz zu entzücken. Man braucht Ihn nur zu lieben, ohne auf sich selbst zu schauen, ohne allzu sehr seine eigenen Fehler zu untersuchen (Brief 142).

Der Brief schlägt auch weiterhin in dieselbe Kerbe, indem er immer tiefer geht. Thérèse ist bezüglich ihrer Verfehlungen nicht laxer geworden, aber Jesus lehrt sie, *aus allem Nutzen zu ziehen, aus dem Guten und aus dem Bösen, das sie in sich findet.*

Ihre „Heilsökonomie" trägt ein ganz anderes Gesicht:
Jesus lehrt sie, auf der Spielbank der Liebe zu spielen, oder vielmehr nein: Er spielt für sie, ohne ihr zu sagen, wie Er das macht, denn das ist Sein und nicht Thérèses Sache. Ihr kommt es zu, sich zu überlassen, sich vorbehaltlos auszuliefern, selbst ohne die Freude zu wissen, was ihr die Spielbank einbringt! (Brief 142).

Nirgends predigt Thérèse, daß man in der Gottesliebe nachlässig sein soll. Sie preist keine leichte Lösung an, verkündet nicht „eine billige Gnade" (Bonhoeffer). Aber sie beginnt ausdrücklich immer mehr von Gott selbst zu erhoffen. Deshalb relativiert sie ihre Schwäche mehr. Sie steht ihrer Ohnmacht viel gelassener gegenüber: man tut, was man kann, aber man erkennt, daß Gott groß ist und gut genug, um unserem Mangel abzuhelfen und Seine Kraft über unsere Gebrechlichkeit triumphieren zu lassen.

Diese Haltung baut sie weiter aus. In dem Brief, den wir vor uns haben, sehen wir, wie die Zeilen, die zunächst unklar und verschwommen wirken, zunehmend an Klarheit gewinnen und zu einem gut verfolgbaren Faden werden:
Mein Seelenführer ist Jesus. Er lehrt mich nicht, meine Tugendakte zu zählen (wie in der Zeit ihrer Erstkommunionvorbereitung!), *Er lehrt mich, alles aus Liebe zu tun, Ihm nichts zu verweigern, zufrieden zu sein, wenn Er mir eine Gelegenheit gibt, Ihm meine Liebe zu beweisen. Die aber geschieht im Frieden und in der Hingabe* (das ist ihre neue und große Erkenntnis). *Jesus tut alles, und ich tue nichts* (Brief 142).

Die Tochter zweier Geschäftsleute hat ihre Kontobücher beiseite gelegt!

„Jesus ist es, der alles tut, und ich tue nichts". Das ist, mit Thérèses eigenen Worten, ihre neue Sichtweise des Strebens nach Heiligkeit! Ihr eigener Wille nach Heiligkeit kapituliert auf allen Fronten. Sie bringt in die Feststellung ihres Unvermögens ihren großherzigen Humor ein und relativiert ihre persönlichen Anstrengungen:

Vielleicht glaubst Du, ich tue immer, was ich sage, schreibt sie wenig später an Céline (Brief 143). *Oh nein! Ich bin nicht immer treu, doch ich verliere nie den Mut. Ich überlasse mich ganz den Armen Jesu. Der kleine Tautropfen dringt immer tiefer in den Kelch der Blume der Felder (Jesus) ein, und dort findet er alles wieder, was er verloren hat, und noch viel mehr.*

Jeglicher Hang zum Streben nach Vollkommenheit, jedes Bemühen, Schätze anzuhäufen, ist verschwunden:

Ich tue das nicht, um mir einen Kranz, um mir Verdienste zu erwerben, sondern um Jesus zu erfreuen.

Nur noch ein Schritt bis zur geistigen Kindschaft

Eine Frage drängt sich uns nun auf. Ist dies alles nicht schon der berühmte „kleine Weg", von dem Thérèse so oft sprechen wird? Kann man denn auf dem Weg der „geistigen Kindschaft", in der Haltung des Kindes-eines-Vaters, die Thérèse mit solcher Konsequenz bis hin zu ihrem eigenen Heiligwerden verfolgt, noch weitergehen?

Wir haben tatsächlich bereits bemerkt, daß sie, von ihrer frühesten Jugend an, an der Treue in den „kleinen Dingen" mit Bestimmtheit festhält. Was die Verdienste und die Fortschritte betrifft, so erwartet Thérèse diese seit 1893 nicht mehr von sich selbst, sondern von Gott. Das Wissen um ihre eigene Unzulänglichkeit ist bereits sehr weit gediehen. Fortan versucht Thérèse weniger ihre Schwäche aus eigener Kraft in Liebe zu wandeln, sie will lieber den Herrn handeln lassen. Sie macht sich die Vorrangigkeit der Liebe Gottes zu uns bewußt, die ja nicht nur der

Ursprung unserer Akte der Liebe ist, sondern sie auch vollkommen macht. Ist dies nicht alles schon der Weg der geistigen Kindschaft?

Gewiß, dies alles bedeutet bereits, als Kind-eines-Vaters zu leben. Und all diese Elemente und diese Haltungen werden wir in der Sicht, die Thérèse am Ende ihres Lebens hat, wiederfinden. Ihr ganzes Leben lang sammelt sie Material, das ihr beim Bau ihrer Synthese behilflich sein wird.

Dennoch muß man sagen, daß dies alles noch nicht der „kleine Weg" Thérèses in seiner ganzen Fülle ist. Wir müssen Thérèse ernst nehmen, wenn sie behauptet, daß sie in einem bestimmten Augenblick einen neuen Weg entdeckt hat. Auch wenn alle Steine bereits auf der Baustelle liegen - was hier nicht immer der Fall ist -, so macht der Haufen allein doch kein Haus aus. Thérèse muß noch ein letztes Mal ihre Sicht von Heiligkeit neuordnen, eine endgültige Werthierachie erstellen. Im Jahr 1893 ist sie nur noch einen Schritt von ihrer endgültigen Synthese entfernt, von ihrem „kleinen Weg". Sie ist dabei, den Knoten zu lösen.

Sagen wir es mit ihren eigenen Worten vom Juli 1893: Thérèse wird sich damals des göttlichen „Spieles" auf ihrem Weg zur Heiligkeit bewußt, ohne allerdings zu verstehen, „wie Er es anstellt, daß Ihm Seine Liebe zurückgezahlt wird". Als sie ihren „kleinen Weg" entdeckt, enthüllt ihr der Herr ganz genau das „Wie" Seiner Heiligung. So wird Thérèse sich in vollkommener Weise auf das Spiel Gottes einlassen können. Sie wird den Weg vor sich völlig klar sehen. Und um wieviel schneller wird sie auf dem hell erleuchteten Weg voranschreiten können! Vorher ging Thérèse auf ihm wie eine Blinde, voller Zögern, Verzug, Irrtümer. Nun wird sie fliegen!

Laut Thérèses eigener Erklärung bezieht sich ihre große Entdeckung auf Gott. Es ist die Entdeckung Seiner Barmherzigkeit als dem Inbegriff der Barmherzigkeit schlechthin. Natürlich wußte sie auch vorher schon um Seine Güte, und wie sehr sie ihr zu Hilfe kommt. Nun erkennt sie, daß die Liebe Gottes nicht nur reell, zuvorkommend und treu ist, sondern daß diese Liebe auch herabsteigt; daß sie sucht, was klein ist, WEIL es klein ist; damit sie es mit ihren Gütern beschenken kann. Thérèse entdeckt die Barmherzigkeit Gottes als die Quelle, aus der ihr ganzes Leben hervorströmt.

Nun sieht sie in der Barmherzigkeit Gottes klar das Geheimnis ihrer Erlösung und ihrer Heiligung. Die Annahme ihrer eigenen Grenzen ist in dieser endgültigen Synthese mit beinhaltet; in einem gewissen Sinn beginnt dort die Öffnung auf Gott hin. Aber das Kleinsein wird künftighin statt hauptsächlich in der Demut, vor allem im Vertrauen bestehen. Im demütigen Vertrauen wird die Ohnmacht vor Gott hin getragen und wird für den, der sie eingesteht und sich der Barmherzigkeit Gottes anvertraut, zu einer Verheißung dafür, daß Er helfend eingreift.

Drittes Kapitel

LEERE HÄNDE FÜR DIE BARMHERZIGE LIEBE

Von der Ferne betrachtet erlebt Thérèse die letzte Periode des körperlichen Zerfalls ihres Vaters im Frühling 1894 im Schweigen und im Frieden. Umgeben von der liebevollen Sorge von Céline und Léonie stirbt M. Martin am 29. Juli. Er hat seine Letzte Ruhe gefunden, und Thérèse fühlt ihn sich sehr nahe.

Papas Tod macht auf mich nicht den Eindruck eines Todes, sondern eines wirklichen Lebens. Nach sechsjähriger Abwesenheit finde ich ihn wieder. Ich fühle, wie er um mich herum ist, mich anschaut, mich beschützt (Brief 170).

Am 14. September verläßt Céline alles und tritt ihrerseits aus Liebe zu Jesus in die Gemeinschaft des Karmel von Lisieux ein. Vier leibliche Schwestern in einer kleinen Kommunität . . . Das ist ein einzigartiger Fall in der Geschichte des Karmel! Thérèse hat nichts dagegen, und ihre Freude ist riesig!

Meine liebe Céline, fürchte nichts. Jesus wird Dich nicht enttäuschen . . . Ich habe Deinetwillen so viel gelitten, daß ich hoffe, kein Hindernis für Deine Berufung zu sein. Ist unsere Liebe nicht wie das Gold im Feuerofen geläutert worden? (Brief 168).

In Célines Gepäck befindet sich der Fotoapparat, dem wir die vielen Bilder von Thérèse verdanken: die Priorin Agnès erwies sich als der modernen Technik gegenüber sehr aufgeschlossen! Céline bringt auch ein kleines Heft mit, das im Leben Thérèses eine große Rolle spielen wird. Es enthält eine Auswahl der schönsten Texte des Alten Testamentes. Den jungen Karmelitinnen von Lisieux war es nämlich nicht gestattet, das ganze „fremdartige" Alte Testament zu lesen, und Thérèse hatte daher nur über die liturgischen Texte und geistlichen Bücher zu ihm Zugang. So ist dies ein schöner Reiseproviant, den Céline da mitbringt, und Thérèse, eine begeisterte Leserin der Heiligen Schrift, stürzt sich mit Heißhunger darauf!

Plötzlich ist da „ein ganz neuer kleiner Weg"!

Kurze Zeit danach, aber sicher vor Ende 1894, macht Thérèse ihre geniale Entdeckung, als sie das Heftchen studiert: sie findet darin ihren berühmten „kleinen Weg"! Ohne nun wirklich eine objektive exegetische Analyse der betreffenden Texte zu machen, erhält sie von Gott während des Lesens eine Antwort auf ihre Suche: Thérèse verdankt ihre Entdeckung in erster Linie einer persönlichen Erleuchtung durch den Heiligen Geist, der sie diese Texte „mit dem Herzen verstehen läßt" (Mt 13,15). Der Text ist für sie die Linse, die den ganzen Schatz des Glaubens projiziert! In diesem Moment der Gnade entdeckt Thérèse durch die oberflächliche Hülle der Texte hindurch klar die Kraftlinien der Offenbarung. Sie erfährt, wie die Ströme göttlichen Lebens den Strom ihrer eigenen Existenz nähren. In einer echten „geistlichen" Lesung geschieht es, daß Gott ihr persönliche Botschaften für das Leben mitteilt.

Nur wenige Monate vor ihrem Tod erzählt sie in ihren Schriften von ihrem *Eureka*, ihrem „ich habe es gefunden!". Die Fassung trägt dort die Spuren einer im Vergleich mit dem ursprünglichen Ausgangspunkt bereits ausgefeilten Ausdrucksweise: aber seither sind auch tatsächlich zweieinhalb Jahre vergangen! Ihr Bericht (C 214-216) ist zu lang, um ihn hier im vollen Wortlaut wiedergeben zu können. Wir wollen aber die fünf Hauptpunkte anführen, die man darin leicht unterscheiden kann.

1. Zunächst spricht Thérèse von ihrem früheren Wunsch, den wir bereits gut kennen: „Ich wollte immer eine Heilige sein."

Der neue „kleine Weg" (dies ist der Ausdruck, den Thérèse selbst gebraucht), den sie soeben entdeckt hat, enthüllt von

Beginn an seinen funktionalen Charakter. Er ist kein Ziel an sich; er ist ein Zwischenstadium, ein Mittel, das anderswohin führt. Das Ziel ist die Heiligkeit, die gänzliche Entfaltung der Liebe.

2. Wer aber kann diese Liebe entfalten? Von sich aus kann Thérèse es nicht. Parallel zu ihrem einstigen Wunsch steht nun die alte Feststellung ihres Unvermögens.

Ich habe mir immer gewünscht, eine Heilige zu sein; aber ach! wenn ich mich mit den Heiligen verglich, stellte ich stets fest, daß zwischen ihnen und mir derselbe Unterschied besteht wie zwischen einem Berg, dessen Gipfel sich in den Wolken verliert, und dem unscheinbaren Sandkorn.

Ihr ganzes Leben hindurch haben wir gesehen, wie in ihr Wunsch und Unvermögen kämpfen, so wie beim verzweifelten Kampf Jakobs mit Jahwe (Gen 32)! Einer solchen Erklärung von Thérèse könnte man entgegenhalten, daß sich sowohl die übergroße Heiligkeit der anderen relativieren als auch Thérèses demütige Selbsteinschätzung ein wenig anheben ließe. Aber hier würde das zu nichts führen! Wesentlich ist das subjektive, persönliche Empfinden von Thérèse. Von diesem ausgehend entwirft sie ihren Weg. (Oder genauer: den Demütigen schenkt Gott Sein Licht.) Und weil es hier um eine Lebensfrage geht, in der viele Gläubige ihre eigene Erfahrung zum Teil wiedererkennen, konnte die Antwort der Heiligen von Lisieux ein solches weltweites Echo in der Kirche finden.

3. Wir sehen weiters die Strahlkraft eines Menschen, der seit langem unter dem Licht der göttlichen Offenbarung gelebt hat und der die Art, wie Gott uns führt, immer besser versteht: eine innere Gewißheit verbietet ihr, sich der Unruhe oder der Entmutigung hinzugeben.

Statt zu verzagen, sagte ich mir: der liebe Gott flößt keine unerfüllbaren Wünsche ein, ich darf also trotz meiner Kleinheit nach der Heiligkeit streben.

Es ist wenig wahrscheinlich, daß Thérèse im eigentlichen Augenblick ihrer Entdeckung bereits so klar formulierte Gedanken gehabt hat. Zweifelsohne handelte es sich um eine plötzliche und befreiende Eingebung, die wie ein Same in das längst dafür bereitete fruchtbare Erdreich fiel. In ihr lebte die Überzeugung, die zu einem fixen Bestandteil von ihr selbst geworden war: Durch eigene Kraft werde ich es niemals schaffen, und dennoch verbietet mir mein Herz davon abzustehen! In ihren eigenen Worten:

Es ist mir unmöglich, mich größer zu machen, ich muß mich ertragen, wie ich bin, mit all meinen Unvollkommenheiten. Aber ich will das Mittel suchen, um in den Himmel zu kommen, (konkret möchte Thérèse sagen: um den Gipfel der Heiligkeit zu erklimmen), *auf einem kleinen Weg, einem recht geraden, recht kurzen, einem ganz neuen kleinen Weg.*

4. Im Wissen um ihre unabwendbare Kleinheit, die alles versucht hat, und überzeugt von der Ohnmacht ihrer Liebe, kommt Thérèse auf ihrer Suche nach einer Lösung der Heiligen Schrift näher, das heißt also, Gott selbst. Die Form der Hingabe von 1893 war ihr nicht tief, nicht strahlend genug, um sie völlig zufriedenzustellen. Es ging ihr alles noch nicht schnell und sicher genug. Deshalb sucht Thérèse nun nach einem „Fahrstuhl", mit dem es unweigerlich aufwärts geht, einem geistigen Fahrstuhl zu der höchsten Heiligkeit!

„Fahrstuhl", das ist das Bild, das sie verwendet, also etwas ganz Neues! Auf ihrer Reise nach Rom hatte Thérèse in den Hotels, in denen sie wohnte, Fahrstühle gesehen; in der heutigen Zeit würde sie vielleicht von einer Rolltreppe, einer Seilbahn oder einer Rakete sprechen. Dem Fahrstuhl, mit dem man ohne Anstrengung hinaufgelangen kann, setzt sie „die Treppe" gegenüber, auf der man mühsam hinaufsteigen muß. Auf der Treppe hat sie es nicht geschafft . . .

5. Thérèse wird schließlich die befreiende Antwort finden!

Als sie in dem kleinen Heft den Text aus dem Buch der Sprüche 9,4 liest, fühlt sie sich besonders berührt: „Wenn einer ganz klein ist, so komme er zu mir." Klein ... da fühlt sich Thérèse persönlich angesprochen! Kleinsein: danach strebte das kleine Sandkorn schon seit langem, im Sinn von Demut. Doch Kleinsein in der Heiligkeit, auch mit diesem Problem schlägt sie sich schon seit langem herum. Und nun kann sie sich gerade in ihrem Kleinsein Gott nahen, Er möchte ihr etwas sagen ... So wendet sich Thérèse vertrauensvoll, das heißt mit einem hoffnungsvollen Herzen, an Ihn, und ganz offen macht sie sich weiter auf die Suche nach dem, was Gott ihr bezüglich Seiner Selbst und ihres Aufstiegs auf den Gipfel ihrer Heiligkeit offenbaren will. Und was liest sie einige Seiten weiter? Dort findet sie einen funkelnden Diamanten, wie sie noch nie einen solchen hat leuchten sehen, Jes 66,12-13: „Wie eine Mutter ihren Sohn tröstet, so tröste ich euch, ich werde euch auf meinen Armen tragen und auf meinen Knien schaukeln."

Wir haben die Texte so zitiert, wie Thérèse sie in ihrem Heft vorgefunden hat. Die Jerusalemer Bibel übersetzt: „Wer unerfahren ist, kehre hier ein." Die Ökumenische Übersetzung der Bibel führt an: „Gibt es einen unerfahrenen Menschen? Er soll herkommen." Der Ausdruck „ganz klein" scheint in diesen Texten nicht auf, auch nicht die persönliche Formulierung „zu mir". In dieser Fassung wäre Thérèse über den Text wahrscheinlich hinweggegangen, ohne das Licht, das ihr darin so hell aufgeleuchtet ist, zu bemerken. Oft kommt Gott im Zufall zu uns! Bei einer anderen Übersetzung hätte Thérèse auf ihre Entdeckung noch warten müssen ... Oder sie hätte sie an einer anderen Stelle gemacht ... Denn die Zeit war reif, und Thérèse hätte das, was sie nun versteht, ein andermal bekommen! Gott hätte ihr auf eine andere Weise dieselbe Botschaft enthüllt.

Wie strahlend ist das Licht, das ihr aus dem Jesaja-Text aufleuchtet! *Ach! niemals sind zartere, lieblichere Worte erfreuend in meine Seele gedrungen; der Fahrstuhl, der mich bis zum*

Himmel emporheben soll, Deine Arme sind es, o Jesus!
Wiederum also spricht sie in Symbolen: die Arme Jesu. Thérèse drückt damit aus, daß Gott, und nicht der Mensch aus eigener Kraft, sie zur Heiligkeit führen wird. Um welchen Preis?
Dazu brauche ich nicht zu wachsen, im Gegenteil, ich muß klein bleiben, ja, es mehr und mehr werden.
Bis sie „ganz" klein ist! Dann wird Gott ihr alles schenken. „Wie eine Mutter ihrem Kind!"
Nun hat Thérèse es endlich verstanden! Nun hat sie begriffen, daß ihre vorrangige Aufgabe darin besteht, aufnahmefähig, ganz empfänglich und ganz offen für die erlösende, sorgende und erhaltende Liebe zu sein, die aus dem mütterlichen Herzen Gottes kommt! Thérèse muß sich nicht mehr selbst retten! Sie akzeptiert, daß sie gerettet *ist,* geheiligt *ist* und daß sie sich deshalb vertrauensvoll Gott überlassen kann, der uns Seine unverdiente und überströmende Liebe anbietet. So steigt aus ihrem Herzen das Loblied empor:
O mein Gott, Du hast meine Erwartung übertroffen, und ich will das Lied Deiner Barmherzigkeit singen!

*

Vertiefen wir uns noch weiter in den Inhalt dieser an Bildern so reichen Schrift. Gott wird darin als dem Menschen gegenüber sehr aufmerksam beschrieben, Er lädt ihn ein, sich - so wie er ist - Seiner großen und unentgeltlichen Zärtlichkeit in aller Freiheit zu öffnen. Wenn der Mensch im Glauben und in Dankbarkeit nachgiebig näherkommt, dann berührt der Herr ihn mit Seiner schöpferischen und einigenden Liebe, die ihn wertvoll und noch liebenswerter macht, Gott selbst ähnlicher. Die Gnade des Geistes, „das lebendige Wasser" (vgl. Joh 4, 10-14), das Erquickung und Leben bringt, das ihn durchdringt. „Ich werde euch tragen" - wie eine Mutter das Kind ihrer Liebe! In der Mitte der Beschreibung von Thérèse strahlt die Wirklichkeit der göttlichen „Barmherzigkeit" auf, Gott, der ein Herz hat für den, der elend ist. Gott, der sich zu dem herabneigt, der klein und bedürftig ist.

Der erwachsene Mensch seinerseits kann den Mut haben, vor Gott in seiner ganzen geistigen Armut zu erscheinen, ohne Fatalismus oder Angst, sondern voll Vertrauen. Um zu den Geladenen zu zählen - oder besser, weil ja alle geladen sind, um sich der Gabe Gottes öffnen zu können -, muß sich der Mensch als „ganz klein" erkennen. Zu dieser Haltung der Demut kommt man, wenn man sich aufrichtig betrachtet, so wie man ist und so wie man von Gott geliebt ist. Bei einer Vertiefung dieser Haltung gelangen wir vor Gott zu einer blinden Hingabebereitschaft; in einer Blindheit, die ein helles Licht vor diesem Gott und Vater ist, wie es uns die Propheten und Sein Sohn geoffenbart haben.

Dies ist der Kern dessen, was Thérèse intuitiv erfaßt hat, als sie ihren „kleinen Weg" entdeckt hat. Sie nennt ihn „ganz neu", da sich nach einem langen und mühsamen Marsch durch den dunklen Wald und das Dickicht nun vor ihr plötzlich ein gerader und lichter Weg auftut, den sie ohne Zögern und ohne Furcht vor einem Irrtum sofort einschlägt. Ganz neu ist dieser kleine Weg auch deshalb, weil er sich über die Epoche des Jansenismus hinwegsetzt und die Menschen direkt mit Jesus verbindet, der gesagt hat: „Der Geist des Herrn ruht auf mir, denn der Herr hat mich gesalbt. Er hat mich gesandt, damit ich den Armen eine gute Nachricht bringe, damit ich den Gefangenen die Entlassung verkünde und den Blinden das Augenlicht; damit ich die Zerschlagenen in Freiheit setze und ein Gnadenjahr des Herrn ausrufe" (Lk 4,18-19).

Bei ihrer Entdeckung steckt die Vorstellung, die Thérèse hat, noch im Anfangsstadium. In den folgenden Jahren wird sie ihre neue und befreiende Sicht der Dinge voll verarbeiten und lernen, die Konsequenzen ihres absoluten Vertrauens im konkreten Leben in die Tat umzusetzen sowie ihre Botschaft für die anderen in eine prophetische Form zu bringen.

*

Wie stark verändert sich nun ihr Leben! Alle Sorge um sich selbst ist von Thérèse abgefallen. Ihr Streben nach Heiligkeit ist völlig frei geworden. Gott neigt sich ihr zu! Gott kommt ihr entgegen! Der Weg ist offen und klar.

In Thérèses Herzen erklingt ein Lied: Jesus wird mein Leben vollenden, Jesus wird mich heilig machen. Ich werde mein Bestes geben, ich werde tun, was ich kann, aber nicht ich werde es machen, der Herr wird es in mir und durch mich tun . . . Und wenn ich einen Fehler begehe, so wird Er alles gut machen. Vielleicht in diesem Leben, so nach und nach, oder in einer machtvollen Offenbarung Seiner Gnade - wie damals in der Weihnachtsnacht. Oder in dem Augenblick, wo wir einander für immer begegnen, wenn ich die Fülle des Lebens erlange . . .

Thérèse weiß es mit blendender Gewißheit: das ist mein Weg. Der endgültige Weg, dem ich folgen werde! Wenn ich ihn konsequent gehe, dann wird er dort enden, wo Gott es haben will: in dieser Fülle der Teilhabe an Seinem eigenen Leben der Liebe, das Er jedem Menschen im einzelnen vorherbestimmt hat. Gott wird mir diese Liebe schenken, die ich allein aus eigener Kraft nicht erreichen konnte, und Er wird dieser Liebe die Sprache und die Zeichen der Liebe aufprägen, vor allem das Zeichen des Vertrauens.

Das Evangelium erzählt, daß man eines Tages Kinder zu Jesus brachte, damit Er sie berühre. Die Jünger stießen sich daran: Kinder! Also wirklich, der Herr hat Wichtigeres zu tun! - und sie wiesen sie rüde ab. Nun wurde Jesus Seinerseits unwillig und sagte: „Laßt die Kinder zu mir kommen; hindert sie nicht daran. Denn Menschen wie ihnen gehört das Reich Gottes. Amen, das sage ich euch: Wer das Reich Gottes nicht so annimmt wie ein Kind, der wird nicht hineinkommen" (Mk 10, 13-15). In dieser Sicht des Evangeliums beschließt Thérèse, klein zu „bleiben". So wird sie in aller Reinheit und Einfachheit das Reich Gottes aus den Händen des Herrn „in Empfang nehmen" können.

Bleiben wir noch einen Augenblick bei zwei interessanten Details. Wir haben gesehen, wie Thérèse fortan ihren Weg in dem Wunsch zusammenfaßt, „ganz klein" zu sein - entsprechend dem Wort, das sie in den Sprichwörtern 9,4 gefunden hat. In den folgenden Jahren wird sie sich gern die „ganz Kleine" nennen. Das ist ihr Ideal, ihr Slogan, ihr Leitmotiv. Und sie unterstreicht gern die beiden Worte: was bei ihr oft bedeutet, daß es sich um ein Zitat handelt, hier also um den stillschweigenden Bezug auf den großen Text der Heiligen Schrift, der ihre neue Sicht ausgelöst hat. In diesen beiden Worten drückt sie die ganze Dynamik des Vertrauens auf das treue Erbarmen Gottes aus!

„Erbarmen": seit ihrer großen Entdeckung hat dieses Wort bei Thérèse noch einen weiteren aufschlußreichen Unterton. Natürlich kannte sie das Wort seit langem, sie war ihm beim Lesen häufig begegnet, sie betete es oft im Chor bei den Psalmen. Aber vor Ende 1894 kam von ihr her kein Echo darauf. Es weckte in ihr keine Resonanz. In all ihren Schriften, die vor dieser Zeit entstanden sind - an die 350 Seiten an Briefen, Gedichten und Theaterstücken -, kommt das Substantiv „Erbarmen" nur einmal vor, und ebenso nur einmal das Adjektiv „barmherzig". Nach ihrer Entdeckung finden wir allein im ersten Teil ihrer Autobiographie (das Manuskript A umfaßt an die zweihundert Seiten) das Wort „barmherzig" etwa zwanzig Mal! Wovon das Herz voll ist, davon geht der Mund über!

Und als sich an diesem kalten Winterabend 1895 die kleine Schwester Thérèse vom Kinde Jesu und vom Heiligen Antlitz daran macht, den Prolog zu ihrer Autobiographie beim Schein ihrer kleinen Petroleumlampe zu schreiben, da steigt aus ihrem Herzen ein Lied auf zum Lob dieses Erbarmens, das sie klarer denn je wie einen roten Faden den Stoff ihrer Lebensgeschichte durchziehen sieht. An diesem Faden wird sie sich festhalten. Wie an einer reichen Verheißung hängt ihre Zukunft daran: die zweiunddreißig Monate, die sie noch hier auf dieser Erde zu leben hat.

Kleine Theologie des göttlichen Erbarmens

1895 ist für die junge Karmelitin ein wunderbares Jahr! Das glücklichste, das sonnigste in ihrem ganzen Leben! Sie ist nun zweiundzwanzig Jahre alt und lebt bereits seit sieben Jahren im Kloster. Sie fühlt sich dort völlig „zu Hause". Das Ordensleben fordert sie, und ihre Gesundheit ist nicht die beste (sie hat ein bißchen mit dem Hals zu tun), aber noch nie hat sie ihre Berufung so einfach gesehen und gleichzeitig so reich an Perspektiven. „Aus Liebe leben" - im Februar schreibt sie ein langes Gedicht dazu! Lesen wir einige Strophen:

Aus Liebe zu leben heißt maßlos verschenken,
nicht Trost erbetteln im trüben Hienieden.
Ich möchte stets schenken, ohne zu zählen,
ganz fest überzeugt, daß Liebe nicht rechnet! . . .
Dem göttlichen Herzen, das zärtlich verströmt,
gab alles ich hin. Wie lauf ich so leicht nun!
Ich kenne seitdem keinen anderen Reichtum,
als leben einzig aus Liebe.

Aus Liebe zu leben heißt wagen zu tragen
unsterblichen Schatz in sterblicher Schale.
Du, Gott, Du bist Liebe, doch ich reine Schwäche,
so unendlich noch ferne dem Morgensterne.
Und doch, wenn ich falle auch Stunde um Stunde,
erbarmend, umarmend eilst stets Du zu mir,
um mich zu erheben, voll Gnade vergebend,
so lebe ich weiter aus Liebe.

(Gedicht 17, aus: Ernst Gutting, Nur die Liebe zählt, Seite 91/92)

In der Kommunität geht es Thérèse gut. Ihre Talente sind anerkannt, und sie kann sie auch nützen. Wenn sich die Gelegenheit ergibt, darf sie malen, und in gewisser Weise ist sie die Dichterin der Kommunität geworden. Gibt´s ein Jubiläum, eine

Einkleidung oder eine Profeß, dann wendet man sich an *die* Adresse: Schwester Thérèse! Für den Namenstag der Priorin, der Laienschwestern oder für die Weihnachtsrekreationen schreibt Schwester Thérèse auch manchmal ein kurzes Theaterstück! In etwas mehr als vier Jahren verfaßt sie acht Theaterstücke (davon zwei sehr bedeutende über Jeanne d´Arc, das Ideal ihrer Jugendzeit) und vierundfünfzig Gedichte. Und nun bittet Schwester Agnès sie, ihre „Jugenderinnerungen" niederzuschreiben! Dazu pflegt sie manchen Briefverkehr. Und vor allem ...

Und vor allem hat Thérèse alle Hände voll zu tun mit ihren Novizinnen! Als Agnès im Februar 1893 Priorin wurde, bat sie ihre zwanzigjährige Schwester, für Marie de Gonzague, die offizielle Novizenmeisterin, Noviziatsgehilfin zu sein. Thérèse betrachtet sich als den „kleinen Hüterhund" (Brief 167) der Hirtin! Am Anfang ist ihre Arbeit nicht besonders schwer. Schwester Marthe ist die einzige Novizin; sie ist nicht sehr gescheit, versteht sich aber gut mit Thérèse. Sechs Monate später tritt Schwester Marie-Madeleine ein, so wie Schwester Marthe als Laienschwester: die Priorin weist sie an, sich jeden Sonntag eine halbe Stunde lang mit Thérèse zu unterhalten, aber jeden Sonntag tut die verschlossene Gesprächspartnerin alles, um sich vor dem Gespräch zu drücken! In der Zwischenzeit hätte Thérèse, da sie schon drei Jahre Profeß hat, das Noviziat verlassen sollen - ohne jedoch je das Stimmrecht im Kapitel zu bekommen, weil es bereits zwei ihrer Schwestern im Konvent gibt -, aber sie bittet, im Noviziat bleiben zu dürfen, was ihr auch wegen ihres jugendlichen Alters gewährt wird! Sie wird bis zu ihrem Tod darin bleiben ...

Ab Sommer 1894 wird es für die Noviziatsgehilfin ernst! Im Juni tritt Marie de la Trinité ein, eine sehr lebhafte Pariserin, die Thérèse sehr gern mag, die einzige ihrer derzeitigen und künftigen Novizinnen, die jünger ist als sie . . . Drei Monate später kommt Céline - die vierte Martin! - und elf Monate später ihre Kusine Marie Guérin!

Was für eine Freude ist es für sie, als die Priorin Agnès sie fragt, ob sie besonders für einen jungen Seminaristen, Maurice Bellière, beten und opfern wolle! Ein zukünftiger „Priesterbruder"! Thérèse, die niemals kleine Brüder gehabt hat (unter den vier verstorbenen Kindern ihrer Familie befanden sich zwei Buben), ist überselig! Sie schreibt:

Es wäre ein Ding der Unmöglichkeit, Ihnen mein Glück zu schildern . . . Niemals in diesen Jahren hatte ich diese Art von Glück verkostet. Ich fühlte, in diesem Bereich war meine Seele neu, es war, als hätte man zum erstenmal bisher vergessene Saiten berührt (C 266).

*

Im Licht ihrer kürzlichen Entdeckung ihres „ganz neuen kleinen Weges" sieht Thérèse alles in einen Ozean göttlichen Erbarmens getaucht! Natürlich legt sie, als es Anfang 1895 darum geht, ihre Jugenderinnerungen niederzuschreiben, den Akzent auf „das Erbarmen des Herrn" (A 4)!!! . . . .

Die drei Rufzeichen, gefolgt von den zehn Punkten, lassen darauf schließen, daß dieses Erbarmen besser ist als alles, was man davon sagen kann!

Der Prolog zu ihrer Autobiographie (A 3-9) ist eine tiefe Meditation. Thérèse betrachtet ihr Leben als Gegenstand eines großen „Geheimnisses". Aber dieses Geheimnis ist nicht unergründlich. Es ist durchsichtig und vertraut geworden. Und es begegnet dir ganz unerwartet, ohne daß du es vermutest. Es geht nicht darum, „würdig zu sein", sondern daß es Jemanden gibt, dem dies zur Freude gereicht. Thérèse beruft sich dabei auf den heiligen Paulus (Röm 9,15-16): „Gott schenkt Erbarmen, wem Er will, und erweist Gnade, wem Er will. Also kommt es nicht auf das Wollen und Streben des Menschen an, sondern auf das Erbarmen Gottes."

Warum gibt es dieses „Geheimnis" in Gott? Woher kommt es, daß manche offensichtlich mehr Nutzen daraus ziehen als andere? Warum, so fragt sich Thérèse, wird einem Paulus, einem Augustinus - und sie hätte sich ihnen anschließen können, aber sie denkt nicht einen Augenblick daran - so überreiches Erbarmen zuteil, während andere niemals „außerordentliche Gnaden" empfangen? Warum gibt Gott in Seinem Herzen manchen einen solchen „Vorzug"?

Diese „Prädestination" war für die junge Kontemplative „lange Zeit" ein Problem. Nun hat sie ein Licht erhalten, das sie so ein ganz klein wenig zufriedenstellt. Der Herr hat sie durch „das Buch der Natur" belehrt. Thérèse liebte dieses Buch! Eines Tages hatte sie Céline geschrieben:

Wenn Jesus in der Ordnung der Natur so wunderbare Dinge unter unseren Füßen ausstreut, geschieht es nur, um uns zu helfen, die verborgensten Geheimnisse zu erraten, die Er in den Seelen wirkt und die einer höheren Ordnung angehören . . .
(Brief 134).

Hier hat ihr die Natur von neuem etwas über die tiefen Absichten Gottes enthüllt. Thérèse entdeckt in der Vielzahl der bunten Blumen ein Bild für den Heilsplan Gottes mit den Menschen. Jeder, ob klein oder groß, verherrlicht den Herrn auf seine Weise. Die Kleinen sind deshalb nicht weniger vollkommen. Wenn sie sich voll entfalten, sind sie in den Augen Gottes vollkommen - so wie jede Blume schön ist. Was ist denn die Vollkommenheit in den Augen Gottes? Thérèse gibt darauf eine meisterliche Antwort: „Die Vollkommenheit" besteht darin, „daß wir sind, wie Er uns haben will" - und also auch schließlich, mit Hilfe Seines Erbarmens so zu werden, wie Er uns haben will. Man kann dies nicht klarer ausdrücken. Seit kurzem ist die Heiligkeit problemlos für sie geworden!

Und es folgt noch eine zweite, tiefere, theresianischere Antwort. Die Kleinen sind berufen, die Güte Gottes noch heller auszustrahlen! Das ist ihre besondere Mission. Das Wirken der Gnade kann im kleinsten genauso fruchtbar werden wie im begabtesten Menschen, wenn er sich immer Gott zuwendet.

Ich begriff, daß die Liebe unseres Herrn sich ebenso gut in der einfachsten Seele, die in nichts Seiner Gnade widersteht, offenbart, wie in der erhabensten.

Ja, ohne diese Ärmsten könnte sich Gott nicht groß genug zeigen, *es würde scheinen, daß der liebe Gott nicht tief genug herabsteigen würde.*
Aber indem Er sich so tief herabneigt - wie zu einem Kind oder einem ganz einfachen Menschen, sagt Thérèse -, *zeigt Gott Seine unendliche Größe.*

Unsere Armut kann Sein Erbarmen nicht aufhalten!
So wie die Sonne zugleich die Zedern und jede kleine Blume bescheint, als wäre nur sie auf der Erde, so befaßt sich unser Herr mit jedem einzelnen Menschen, als ob er seinesgleichen nicht hätte. Und wie in der Natur alle Jahreszeiten so geordnet sind, daß an dem ihm bestimmten Tag das bescheidenste Gänseblümchen erblühen kann, so wirkt alles zusammen zum Wohl einer jeden Seele.

Dann kommt Thérèse auf ihre persönliche Geschichte zurück. Was würde das Schreiben einer Autobiographie anderes bedeuten, als die „Wohltaten" Gottes zu erzählen, „das ganz und gar freie Entgegenkommen Jesu"? Sie denkt nicht daran, dabei ihre eigene Mitarbeit hervorzustreichen; seit sie in der Spielbank der Liebe spielt, sind ihre Gewinne nicht mehr offengelegt:
Sie erkannte, daß nichts in ihr es vermochte, den göttlichen Blick auf sich zu ziehen, und daß Sein Erbarmen allein alles, was es in ihr an Gutem gibt, gemacht hat ...

Der neue Zugang zur Liebe findet seinen Ausdruck, als Thérèse festhält, daß es der „Liebe eigen ist, sich herabzuneigen". Das gilt nicht für jede Liebe. In meiner Zuneigung zu einem Freund gibt es kein Hinabneigen, wir befinden uns auf demselben Niveau; im Gegenteil, in der Bewunderung für ihn hebe ich meine Augen zu ihm empor; die Haltung des Herabsteigens würde die Freundschaft eher behindern. Ebenso ist die freundschaftliche Liebe der Drei Personen, die in Gott Eins sind, frei von jedem Herabneigen. Aber wenn Gott den Menschen liebt - und daran denkt Thérèse -, so ist das wesenhaft eine Liebe zwischen ungleichen Partnern, wo der Größere dem Kleineren die Hand hinstreckt. Gott ist es, der den Menschen aus Liebe ins Sein ruft, der ihn liebevoll begleitet und es ihm durch die Offenbarung möglich macht, Ihn wieder zu lieben, nicht als den unzugänglichen Gott, sondern als einen schöpferischen und offenen Vater, einen Bruder, der rettet.

In der Umarmung Gottes

Alles ist Gnade (IGL 60), sagt Thérèse. Aber in jedem Leben gibt es Umstände, wo man nicht auf Anhieb das Gnadenwirken einsieht. Erst wenn einige Zeit verstrichen ist, erkennt man im Lichte Gottes, wie Er uns mit Seiner Liebe begleitet hat, auch in den gewöhnlichsten oder schmerzlichsten Situationen. Die Gnade ist also wie eine Grundierung, die nach einer langen Zeit durch die obere Farbschicht hindurchleuchtet. So kann die Vergangenheit ein anderes Gesicht erhalten. Man durchschaut seine Vergangenheit nie endgültig.

Wenn Thérèse sich nun regelmäßig mit ihrer Vergangenheit befaßt, so wird sie sich immer mehr dessen bewußt, daß ihr ganzes Leben von Gott geführt ist. *Das freie Erbarmen Gottes,* schreibt sie, *ist das Geheimnis meiner Berufung, meines ganzen Lebens und vor allem der Vorrechte Jesu auf meine Seele . . .* (A 4).

Thérèse hätte sich von Gott abwenden können, ihre Zeit verlieren, vielleicht auch den Weg verlassen, auf dem Gott sie haben wollte. Sie sagt von ihrer Reise nach Alençon: *Ich wurde gefeiert, verwöhnt, bewundert . . . Ich gestehe, dieses Leben hatte Anreiz für mich. Das Herz läßt sich leicht blenden, und ich betrachte es daher als eine große Gnade, daß wir nicht in Alençon blieben; unsere Freunde dort waren zu weltlich, sie verstanden es allzu gut, die irdischen Vergnügungen mit dem Dienst für Gott in Einklang zu bringen* (A 67). Und zu ihrer intensiven Freundschaft mit Jesus: *Mit einem Herzen wie dem meinen hätte ich mich fangen und mir die Flügel beschneiden lassen* (A 80).

Nun erkennt sie voll Dankbarkeit, daß ihr Herz von seinem ersten Erwachen an zu Gott erhoben war (A 84). Und wie sehr wendet sich dieses Herz jetzt erst Gott zu, in ihrem Leben des Gebetes, das sie allein zur Ehre Gottes und aus Liebe zu Ihm Gott geschenkt hat, wo sie berufen ist, dieser einzigen Liebe jede andere Liebe, zu Menschen und zu Dingen, unterzuordnen und sie zu leben . . .

Wenn sie über all das nachdenkt, kommt Thérèse die Gestalt Magdalenas in den Sinn. Sie fühlt sich ihr im Grunde ihres Herzens so nahe. *Mit einer Natur wie der meinen . . . wäre ich sehr böse geworden und vielleicht gar verloren gegangen* (A 19).

Es ist keineswegs mein Verdienst, daß ich mich der Liebe zu den Geschöpfen nicht ergeben habe, da ich einzig durch die große Barmherzigkeit des lieben Gottes davor bewahrt wurde! . . . Ich erkenne an, daß ich ohne Ihn ebenso tief hätte fallen können wie die heilige Magdalena, und das unergründliche Wort Unseres Herrn an Simon hallt mit großer Innigkeit in meiner Seele wider . . . Ich weiß: „Wem weniger vergeben wird, der liebt weniger" (Lk 7,47), *ich weiß aber auch, daß Jesus mir mehr vergeben hat als der hl. Magdalena, denn Er hat mir im voraus vergeben, indem Er mich vor dem Fall bewahrte* (A 80/81).

Thérèse ist überzeugt, daß man mehr liebt, wenn man die Steine des Anstoßes wegräumt, als wenn man jemandem nach dem Fall hilft, sich wieder zu erheben. Das hat Gott für sie getan, indem Er die Fallen und die Steine wegräumte, an denen sie hätte straucheln können. Infolgedessen fühlt sie sich von Christus mehr geliebt, der nicht für die gekommen ist, welche von ihrer eigenen Tugend überzeugt sind, sondern für die Sünder (vgl. Mt 9,13).

Was folgert sie daraus? *Er will, daß ich Ihn liebe, weil Er mir nicht nur vieles, sondern alles vergeben hat. Er wartete nicht, bis ich Ihn sehr liebte, wie die hl. Magdalena, sondern Er wollte, daß ich weiß, wie Er mich mit einer Liebe von unsagbarer Vorsorge geliebt hat, damit ich Ihn jetzt bis zum Wahnsinn liebe! . . . Ich habe sagen hören, es sei noch nie vorgekommen, daß eine reine Seele mehr geliebt hätte als eine reuige, oh! wie gern möchte ich dieses Wort Lügen strafen! . . .* (A 81/82).

Eine intuitive Erkenntnis des göttlichen Erbarmens, von der alles getragen wird, hat ihr geholfen, diese große Spitzfindigkeit zu entlarven! Die Reinheit ihres Herzens macht sie arm und demütig, und sie ist sich dessen bewußt, daß sie alles empfangen hat.

*

Thérèse schreibt weiterhin regelmäßig in ihr Heft, was für sie eine lange und fruchtbare Betrachtung bedeutet. Die Vergangenheit wird wach und erweckt in ihr eine neue Begeisterung und tiefe Dankbarkeit. Indem sie sich ihren Erfahrungen stellt, hört sie Gott, der zu ihr spricht.

Der Dreifaltigkeitssonntag, 9. Juni 1895, ist ein strahlender Frühlingsmorgen! Und im Herzen Thérèses wird sich während der Eucharistiefeier eine wunderbare Begegnung vollziehen. Plötzlich empfängt sie - in aller Stille bereits durch ihre kürzliche Entdeckung der mütterlichen Liebe Gottes und durch die Rückschau auf das Wirken Gottes in ihrem Leben vorbereitet - *die Gnade, klarer denn je zu verstehen, wie sehr Jesus sich danach sehnt, geliebt zu werden* (A 185/186).

Wie sehr sehnt Jesus sich danach, geliebt zu werden. So schreibt sie es nieder. Aber die grammatikalische Wendung im Passiv beinhaltet eine Überraschung. Geliebt zu werden bedeutet bei Jesus, daß man Ihm erlaubt, uns aktiv zu lieben. Und für uns bedeutet lieben, daß wir uns von Ihm lieben lassen. Jesus wird geliebt, wenn Er dich ganz lieben kann, du liebst Jesus, wenn du dich ganz lieben läßt.

Thérèse erklärt es uns so: *Ich dachte an jene Seelen, die sich der Gerechtigkeit Gottes als Opfer anbieten, um die für die Schuldigen vorgesehenen Strafen abzuwenden und auf sich zu lenken* (A 186).

Dies ist also der Ausgangspunkt für ihre Eingebung! Die strenge Gerechtigkeit Gottes wurde in dieser vom Jansenismus gefärbten Zeit tatsächlich sehr geschätzt. Ein Buch über die Spiritualität des Karmelordens mit dem schönen Titel „Schatz des Karmel" empfahl die Ganzhingabe seiner selbst an die Gerechtigkeit und sah darin sogar eines der Ziele des Ordens. (Pater Piat sagte zurecht, daß gewisse Seiten in diesem Werk von einem allzu strengen, ja sogar unterdrückenden Geist zeugen.) Im Karmel von Lisieux gab es Ordensfrauen, die diese großherzige Ganzhingabe vollzogen hatten. An diesem Morgen, als Thérèse sich plötzlich gedrängt fühlt, sich Gott noch intensiver zu schenken, denkt sie in einer ersten Reaktion an diese Art der Hingabe, empfindet jedoch keinerlei Sympathie dafür. Wie sollte sie, ein kleines Geschöpf, eine so erdrückende Leidenslast auf ihre zerbrechlichen Schultern nehmen können?

Das Licht, das sie an diesem Morgen blendet, ist so freundlich. Alles ist in diese Sonne göttlichen Erbarmens getaucht, die für sie seit Monaten am Horizont immer höher aufgeht. Und mit glühender Liebe betet sie: *O mein Gott, soll denn nur Deine Gerechtigkeit Seelen empfangen, die sich als Schlachtopfer darbringen? . . . Bedarf denn Deine erbarmende Liebe ihrer nicht ebenso? . . . Von allen Seiten wird sie verkannt, verworfen; die Herzen, an die Du sie verschwenden möchtest, kehren sich den*

Geschöpfen zu und erbetteln von ihrer erbärmlichen Zuneigung das Glück, statt sich in Deine Arme zu werfen und Deine unendliche Liebe anzunehmen . . . O mein Gott! Soll Deine verschmähte Liebe nunmehr in Deinem Herzen verbleiben? Fändest du Seelen, die sich Deiner Liebe als Ganz-Brandopfer darböten, ich meine, Du würdest sie schnell verzehren; mir scheint, Du wärest glücklich, die Fluten unendlicher Zärtlichkeit, die in Dir sind, nicht länger zurückzudrängen . . . O mein Jesus, laß mich dieses glückliche Opfer sein, verzehre Dein Brandopfer mit dem Feuer Deiner göttlichen Liebe! . . . (A 186).

Und Thérèse opfert sich auf.

Nach der Feier der Eucharistie macht sie sich daran, einen „Akt der Hingabe" zu verfassen. Das zeigt, wie ernst ihr dieser Entschluß ist: es handelt sich dabei um eine endgültige Schenkung! Dieses Dokument bezeichnet einen feierlichen und besonderen Moment auf ihrem geistigen Weg.

Die Übereinstimmung des „kleinen Weges der Kindschaft" und dieser „Selbsthingabe" ist verblüffend. Es wäre weit gefehlt zu meinen, daß die geistige Kindschaft die eine Sache wäre und die Hingabe an die erbarmende Liebe eine andere. Von nun an gibt es eine innere Einheit im Leben Thérèses, alles kreist um dieselbe Achse, und die „Hingabe" fügt sich nahtlos in ihr Verständnis vom „kleinen Weg".

Sehen wir uns diesen „Akt" näher an. Er beginnt wie folgt: *O mein Gott! Glückselige Dreifaltigkeit, ich verlange danach, Dich zu lieben und dahin zu wirken, daß Du geliebt wirst . . . Ich verlange danach, Deinen Willen vollkommen zu erfüllen . . . mit einem Wort, ich verlange danach, heilig zu werden, aber ich fühle meine Ohnmacht, und ich bitte Dich, o mein Gott! sei Du selbst meine Heiligkeit* (Selbstbiographie, Anhang, Seite 280).

Das Ziel (die Heiligkeit), die gegebene Situation (ihr Unvermögen) und die Lösung (das heiligende Wirken Gottes selbst) sind nichts Neues: diese Wirklichkeiten waren in der entscheidenden Stunde, wo Thérèse ihren kleinen Weg vor mehr als sechs Monaten entdeckte, ein zentrales Thema.

Dann spricht die junge Karmelitin von der Grundlage für die vertrauensvolle Bitte, die sie an Gott richtet und die nichts anderes ist als das Geschenk und die Verdienste der Menschheit Jesu, verherrlicht von der Liebe und den Verdiensten Mariens, der Engel und der Heiligen. Im Bewußtsein, daß der Vater uns alles geben wird, worum wir im Namen Jesu bitten (Joh 16,23), argumentiert Thérèse - so wie bei der Erklärung ihres „kleinen Weges" - damit, daß die großen Wünsche in ihrem Herzen doch nicht ohne Sinn sein können: *Ich weiß es, o mein Gott! Je mehr Du geben willst, umso mehr steigerst Du das Verlangen.* (Sie entlehnt diesen Gedanken bei Johannes vom Kreuz.) *Ich fühle in meinem Herzen unermeßliche Wünsche, und voll Vertrauen bitte ich Dich, zu kommen und von meiner Seele Besitz zu ergreifen* (Anhang 281).

Nach einer Abschweifung - Gebet der Liebe, des Dankes und der Hoffnung - erneuert Thérèse ihr früheres Vorhaben, in völliger Abhängigkeit von Gottes zuvorkommendem Erbarmen zu leben, dem sie sich ohne Vorbehalt anvertraut, und sie verspricht dies als ein Gelübde vollkommener geistlicher Armut: *Ich will keine Verdienste für den Himmel anhäufen, ich will einzig um Deiner Liebe willen arbeiten, in der alleinigen Absicht, Dich zu erfreuen, Dein Heiligstes Herz zu trösten und Seelen zu retten, die Dich ewig lieben werden. Am Abend dieses Lebens werde ich mit leeren Händen vor Dir erscheinen, denn ich bitte Dich nicht, Herr, meine Werke zu zählen. Alle unsere Gerechtigkeiten sind befleckt in Deinen Augen. Ich will mich also mit Deiner eigenen Gerechtigkeit bekleiden und von Deiner Liebe den ewigen Besitz Deiner selbst empfangen. Ich will keinen anderen Thron und keine andere Krone als Dich, o mein Viel-Geliebter!* . . . (Anhang 281).

Thérèse weiß, daß das erbarmende Eingreifen Jesu all unsere

eigenen Bemühungen um vieles übersteigt: *In einem Augenblick kannst Du mich bereit machen, vor Dir zu erscheinen.* Und dann folgt die eigentliche Hingabe, der konsequente Schritt, nachdem sie die erbarmende Liebe Gottes erforscht hat: *Um in einem Akt der vollkommenen Liebe zu leben, weihe ich mich als Ganz-Brandopfer Deiner barmherzigen Liebe und bitte Dich, mich unablässig zu verzehren, die Ströme unendlicher Zärtlichkeit, die in Dir beschlossen sind, in meine Seele überfließen zu lassen, damit ich eine Märtyrin Deiner Liebe werde, o mein Gott! . . . Möge dieses Martyrium, nachdem es mich vorbereitet hat, vor Dir zu erscheinen, mir endlich den Tod geben und meine Seele sich ohne Verzug aufschwingen in die ewige Umarmung Deiner barmherzigen Liebe . . . Ich will, o mein Viel-Geliebter, mit jedem Schlag meines Herzens Dir diese Weihe erneuern, unzählige Male, bis ich, wenn die Schatten schwanden, Dir in einem ewigen Von-Angesicht-zu-Angesicht meine Liebe beteuern darf! . . .* (Anhang 282).

Thérèse hat sich in einem gewaltigen Akt liebenden Vertrauens über die Grenzen ihrer Armut und die ihrer Zeit hinweggesetzt und sich dem erbarmenden Herzen des Allerhöchsten zugewandt, in dem Verlangen, all die leeren Hände, die sich Ihm entgegenstrecken, mit umfassender Hoffnung zu füllen.
In einem gewissen Sinn verlangte der „kleine Weg" nach einer solchen „Hingabe". Sie ist gleichsam das Herz des „kleinen Weges" und der Ausdruck in Form eines Gebetes. In Verbindung mit dieser Hingabe kann man sehr gut von Fortschritt, Tiefenwachstum sprechen, in dem Sinn, daß Thérèse ihren kleinen Weg tiefer lebt und versteht - es sind ja in der Tat sechs Monate vergangen. „Besser denn je" hat Thérèse die erbarmende Liebe Gottes verstanden, besser denn je geht sie ganz darin auf, und diese Hingabe wird zu ihrer zweiten Natur.

*

Drei Dinge sind hier nun festzustellen:

Die symbolische Sprache, die Thérèse in ihrem Akt der Hingabe und in A 186-187 verwendet, unterscheidet sich wesentlich von ihrer Beschreibung des „kleinen Weges". Dort gebraucht Thérèse Bilder wie „Sandkorn", „Gipfel des Berges", „Kind", „Fahrstuhl" und die „Arme", die sie tragen. Abgesehen von den „Armen" (die nicht tragen, sondern in die hinein man sich wirft) kommen all diese Begriffe im Akt ihrer Hingabe nicht vor. Da spricht sie von „Fluten", die „überströmen", vom „Opfer", das vom „Feuer" „verzehrt" werden muß - und auch davon, daß man sich mit der göttlichen Gerechtigkeit „bekleiden" muß, von einem „Thron" und von einer „Krone", die Gott selber sein wird. Aber der Inhalt, um den es geht, der Kern der Erfahrungen, ist derselbe. Von nun an ist in den Augen Thérèses die Liebe Gottes ihrem Wesen nach barmherzig und das Erbarmen wesentlich von der Liebe geprägt. Jedenfalls kann man feststellen, daß der Ausdruck „erbarmende Liebe" in Thérèses Wortschatz nicht mehr oft aufscheinen wird. Für sie würde das eine Art Pleonasmus bedeuten, wenn sie in zwei Worten dasselbe ausdrücken wollte, was man in einem Wort sagen kann! Künftighin genügt ihr ein einziges Wort: „Liebe"! Schlicht und einfach Liebe, denn in ihren Augen ist die Liebe, die Gott zu uns hat, in ihrem Wesen barmherzig. Als Thérèse am Ende des ersten Teiles ihrer Autobiographie eine Liste der denkwürdigen Ereignisse in ihrem Leben erstellt, nennt sie den 9. Juni 1895 ganz einfach: meine Hingabe an die „Liebe".

Um nun an ein Ende zu kommen: Von pastoraler Sicht her gesehen bedeutet der Geist, in dem Thérèse diese Hingabe an die erbarmende Liebe vollzieht, nicht eine Art magische Formel, einen kleinen geistlichen „Trick": nämlich diese Hingabe ein für alle Mal auszudrücken, und „damit Schluß" bis ans Ende ihrer Tage! Nein, die vertrauensvolle Ausrichtung auf Gott hin muß ganz zum Teil ihres Lebens werden, wie der „Herzschlag", von dem Thérèse spricht. Mehr als in bloßen Worten muß die Hingabe im konkreten Leben immer wieder erneuert werden, sie fordert ein freudiges und unermüdliches Herausgehen aus sich selbst, und daß man sich vertrauensvoll Gott schenkt. Denn so wird man Sein tiefstes Wesen besser verstehen! Gott will die Liebe sein! Seine Ekstase ist die Liebe, das Leben der Heiligsten Dreifaltigkeit, Sein Mysterium, das Geheimnis, warum Er alles ins Dasein rief, ohne etwas dafür zu verlangen, und das der Erlösung und des Himmels.

Die Fluten der Gnade

Ihre Hingabe an die Liebe ist für Thérèse ein Höhepunkt und gleichzeitig der Anfang eines neuerlichen Aufstiegs. 1895 ist für sie wirklich „das Jahr" des göttlichen Erbarmens! Dieser 9. Juni hat all ihre Kräfte freigesetzt! Die Dämme sind tatsächlich gebrochen, und die Fluten der göttlichen Liebe, die sie in ihrem Akt der Hingabe angesprochen hat, überströmen die Erde ihrer Seele. Es ist eine Festzeit, die vor Leben prickelt! Eine Überfülle an Freude und an Gotteserfahrung. Denn noch niemals war das Leben der Kontemplativen von einer solch fühlbaren Gegenwart Gottes beherrscht. Die Wüste von einst hat sich verwandelt. „Auf den kahlen Hügeln lasse ich Ströme hervorbrechen und Quellen inmitten der Täler; ich mache die Wüste zum Teich und das ausgetrocknete Land zur Oase" (Jes 41,18). Im Herzen Thérèses fließen die „Ströme lebendigen Wassers", welche Jesus versprochen hat (Joh 7,38-39).

Diese Periode im Leben von Thérèse trägt eindeutig mystische Charakterzüge. Sechs Monate nach ihrer Weihe an die Barmherzigkeit erwähnt sie diese neue Sintflut: *Sie wissen, welche Ströme oder vielmehr Ozeane von Gnaden meine Seele überflutet haben . . . Oh! Seit jenem glücklichen Tag will mir scheinen, daß die Liebe mich durchdringt und mich ganz umgibt; mir scheint, diese erbarmende Liebe erneuert mich in jedem Moment, sie reinigt meine Seele und läßt in ihr nicht die Spur von Sünde zurück* (A 186/187).

Das heißt, in Gottes Hand zu leben! Was ist ihre einzige

Reaktion darauf? *Jetzt habe ich keinen Wunsch mehr außer dem einen, Jesus bis zum Wahnsinn zu lieben* (A 183).

Wie sehr fehlt aber bei diesem Wunsch jeder persönliche Ehrgeiz und jeder Wille, eigenständig zu handeln! Der Weg zur Heiligkeit ist klar vorgezeichnet: *Ich hege immer dasselbe verwegene Vertrauen, eine große Heilige zu werden, denn ich zähle nicht auf meine Verdienste, da ich gar keine besitze, sondern hoffe auf Den, der die Tugend, die Heiligkeit selbst ist. Er allein, der sich mit meinem schwachen Bemühen begnügt, wird mich bis zu sich erheben und mich heilig machen, indem Er mich mit Seinen unendlichen Verdiensten bedeckt* (A 66/67).

Wie sehr ist ihre Hoffnung auf Gott hin ausgerichtet und nicht in ihr selbst begründet, sondern in der Liebe, die Jesus zu uns hat - Jesus, der imstande ist, unsere Fehler und Schwächen aufzubrechen und uns offen zu machen für Seine Geschenke. Sich gänzlich Ihm zu überlassen, das ist es, wovon sie träumt! *Ich sehne mich nicht mehr nach dem Leiden oder dem Tod, wenngleich mir beide teuer sind. Doch nur die Liebe allein zieht mich noch an . . . Jetzt leitet mich nur noch die Hingabe, ich habe keinen anderen Kompaß! Um nichts kann ich mehr mit Inbrunst bitten als darum, daß sich der Wille des lieben Gottes an meiner Seele vollkommen erfülle* (A 183).

Viertes Kapitel

IN DER NACHT DES GLAUBENS

Die Fluten des Lichtes dauern bis ins Frühjahr 1896 an. *Ich erfreute mich damals eines so lebendigen, so klaren Glaubens, daß der Gedanke an den Himmel mein ganzes Glück ausmachte* (C 219).

Nur einen Augenblick lang hatte sich ihr Herz verdunkelt, nur einen einzigen Augenblick. Die drei Prioratsjahre ihrer Schwester Agnès gingen am 21. März zu Ende, und die Chancen, daß sie wiedergewählt würde, standen gut. Aber nach sieben schwierigen Wahlgängen . . . gewinnt wieder Marie de Gonzague. Als Thérèse, die bei der Abstimmung des Kapitels nicht dabei war, die Nachricht erfährt, ist sie - laut Zeugenaussagen - „wie betäubt", bekommt sich aber schnell wieder in die Gewalt . . .

Und dann kommt die Karwoche, mit ihren vom Mysterium der göttlichen Liebe voll erfüllten Tagen! Als sie in der Nacht vor dem Karfreitag ihren ersten Blutsturz hat - ein zweiter folgt in der darauffolgenden Nacht -, ist sie darüber zutiefst glücklich: sie meint in der Ferne ein Flüstern zu vernehmen, das ihr die nahende Ankunft des Bräutigams ankündigt (C 218).

Aber die Braut ist noch nicht ganz bereit. Das Leiden muß noch sein reinigendes Werk an ihr vollbringen. Die Sonne verschwindet vom Horizont, die Nacht bricht herein und taucht sie in schreckliche Dunkelheit. Während Thérèse gerade in ihrem „Fahrstuhl" ganz angenehm zum Himmel hinauffährt, gibt es einen Stromausfall: sie weiß nicht mehr, wo sie sich befindet, wie lange es dauern wird, ob Hilfe kommen wird.

Der Karfreitag geht weiter
Bricht diese Nacht ganz unerwartet über sie herein? Laut dem Manuskript B ihrer Autobiographie begann sie am „strahlenden Osterfest" (B 218) - also zwei Tage nach ihrem Blutsturz. Nach dem Manuskript C ihrer Autobiographie waren es „die so frohen Tage der Osterzeit" (C 219). Unserer Ansicht nach hing die Nacht zweifellos mit den Ereignissen vom Karfreitag zusammen. Die Mystikerin Thérèse wußte: der Bräutigam kommt! Aber die realistische kleine Denkerin in ihr ist sich dessen bewußt: es ist die Tuberkulose, das ist das Ende, bald wird dein Körper in der Erde sein und deine Seele im Himmel. Und... wenn es keinen Himmel gibt? Die Frage, die wir bereits auftauchen gesehen haben... Die Frage, die sich wie eine fixe Idee in dem handfesten Geist der dreiundzwanzigjährigen jungen Frau festsetzt. Die Frage, die aus der Tiefe dieser Psyche aufsteigt, welche seit dem allzu frühen Tod ihrer Mutter ein solches Sicherheitsbedürfnis hatte, das letztlich niemand befriedigen konnte, und die gegenwärtig ihren ganzen Verstand wie mit schwarzer Tinte erfüllt.

Nun, da Thérèse die Erde verlassen soll - wie eine Mutter -, um eine weite, sehr weite Reise in das unbekannte Land Gottes anzutreten, verliert dieser Bestimmungsort jede Vertrautheit und wird fremd und beängstigend. *Jesus ließ zu, daß tiefste Nacht in meine Seele eindrang und der mir so süße Gedanke an den Himmel nur mehr ein Anlaß zu Kampf und Qual war* (C 219).

Thérèse wird mehr als andere in ihrem Glauben geprüft, bis nur noch das unvermengte Silber zurückbleibt und das reine Gold ihrer Selbsthingabe, allein um Jesu willen: *Jetzt nimmt diese Prüfung alles hinweg, was meinem Verlangen nach dem Himmel noch an natürlicher Befriedigung anhaften könnte* (C 223).

Warum also bleibt sie dann überzeugt davon, daß der

Himmel nicht eine Projektion unserer großen Wünsche ist? Jesu wegen: wegen der Tatsache Jesus! *Der Himmel*, schreibt Thérèse, *ist keine von Menschen erfundene Geschichte, sondern eine untrügliche Wirklichkeit, die Jesus in Seiner Guten Nachricht verkündet hat* (C 220).

Man wäre versucht zu denken, daß der „dicke Nebel", der den Himmel verbirgt (C 219), auch jeden Blick auf die göttliche Sendung Jesu, ja sogar auf die Existenz Gottes verschleiern müßte. Aber dem ist nicht so. In ihrer Autobiographie beschreibt Thérèse einzig und allein ihre Versuchungen in bezug auf den Himmel und bezeugt Agnès gegenüber ganz klar, daß der Himmel (im Sinn unseres Weiterlebens nach dem Tod) Gegenstand ihrer Kämpfe ist; sie fühlt, daß dies in ganz besonderer Weise ihre Versuchung ist und daß sie nicht logisch erklärt werden kann, sie nennt sie „seltsam und unzusammenhängend": *Ah! Aber ich glaube sehr wohl an den Herrn! All das bezieht sich auf den Himmel. Wie seltsam und unzusammenhängend ist das doch!* (IGL 77).

Aber da es die Tatsache Jesus gibt, kann sie inmitten der dunkelsten Nacht an ihrem Glauben an ein Jenseits unerschütterlich festhalten. Die Hand Jesu hält sie: Gnade, Glaube und Erfahrung der Güte Gottes sind die göttlichen Kräfte, die sie in ihrer dunklen Nacht aufrechthalten. Thérèse, die kranke Thérèse, befindet sich „mit Leib und Seele in einem dunklen Loch" (IGL 192), und manchmal „zischen ihr böse Schlangen ins Ohr" (IGL 64). Aber Jesus bleibt, und ihr Glaube bleibt. Was die finsteren Vorstellungen betrifft, die sie bedrängen, so bestätigt sie: *Ich ertrage sie gezwungenermaßen, aber während ich sie ertrage, verrichte ich unaufhörlich Akte des Glaubens* (IGL 274).

Ohne sich daran zu erfreuen, sieht sie bereits im Glauben, was der Himmel ist: *Ich sehe nicht recht, was ich nach dem Tod noch über das hinaus bekommen sollte, was ich schon in diesem Leben habe. Ich werde den lieben Gott sehen, das ist wahr!*

Aber mit Ihm vereinigt, das bin ich schon vollkommen auf dieser Erde (IGL 45).

In diesem ganzen Prozeß vollzieht Gott Sein Werk der Reinigung, so wie der heilige Johannes vom Kreuz es mit solcher Tiefe in seiner *Dunklen Nacht* beschrieben hat. Schickt Gott diese Reinigung? Oder begleitet Er mit Seiner Gnade einen psychischen Prozeß? Es ist nicht allzu wichtig, dies genau festzustellen. Für Thérèse geht es im Moment darum, zu glauben und das Vertrauen und die Liebe zu bewahren. Durch ihr Leiden will sie mit Jesus zusammen Seelen retten. Und mit Paulus kann sie sagen: „Ich habe den guten Kampf gekämpft, ich habe den Glauben bewahrt" (2 Tim 4,7).

Mehr denn je eine Glaubende!

Als ausgezeichneter Pädagoge hat Gott Thérèse zunächst Monate hindurch eine ungetrübte und überquellende Freude geschenkt. Diese Erfahrung hat sie in bezug auf die Realität und die Liebe Gottes noch sicherer gemacht. Die Erinnerung daran wird ihr in ihrer tiefen Nacht etwas helfen.

Thérèse geht nun durch einen „dunklen Tunnel" und durch ein „trauriges Land". Ihr kommt vor, daß die Finsternis sich über sie lustig macht und ihr zuschreit: *Du träumst von Licht, von einer mit lieblichsten Wohlgerüchen durchströmten Heimat, du träumst von dem ewigen Besitz des Schöpfers all dieser Wunderwerke, du meinst, eines Tages den Nebeln, die dich umfangen, zu entrinnen! Nur zu, nur zu, freu dich auf den Tod, der dir nicht geben wird, was du erhoffst, sondern eine noch tiefere Nacht, die Nacht des Nichts* (C 221).

Plötzlich hält Thérèse inne, erschrocken . . . Gerechter Himmel! Wie leicht fließt ihr das aus ihrer Feder . . . *Doch ich will nicht weiter darüber schreiben, ich würde mich sonst fürchten zu lästern . . .* (C 222).

Manchmal wird behauptet, daß Gott für Thérèse eine Mauer war ... Das ist nicht ganz richtig. Thérèse sagt, daß ihr Glaube nicht mehr ein durchsichtiger „Schleier" ist - wie im Sommer vor ihrem Eintritt in den Karmel, wie im Sommer und Winter nach ihrem Akt der Hingabe -, sondern eine „Mauer" (C 222/223), die bis zum Himmel ragt. Sie redet hier wieder in Symbolen. Glauben bedeutet nach ihrem Verständnis, sich vor einer Mauer zu befinden. Aus diesem Grund wird der Glaube für sie mühsam. Aber Gott selbst ist keine Mauer. Wenn ihr Glaube den Eindruck hat, vor einer undurchsichtigen und undurchlässigen Mauer zu stehen, so befindet sich Gott auf beiden Seiten der Mauer! Er ist dort, in diesem geheimnisvollen Leben des Himmels, so wie Jesus es uns zu sagen gekommen ist und wie Thérèse es glaubt. Und Er ist hier, inmitten ihrer geprüften und geängstigten Existenz! Mehr als je zuvor ist Gott in ihrem Leben gegenwärtig! Er ist der Anhaltspunkt, an den Thérèse sich klammert. Mehr denn je ist Jesus in ihren Gedanken anwesend. Der Jesus von früher! Und der Jesus des gegenwärtigen Augenblicks! Thérèse ergreift die Hand Seines Wortes und Seiner Verheißung. *Bei jeder neuen Gelegenheit zum Kampf ... eile ich zu meinem Jesus und sage Ihm, daß ich bereit bin, bis zum letzten Blutstropfen dafür Zeugnis abzulegen, daß es einen Himmel gibt* (C 222).

Thérèse macht das Symbol des Blutvergießens um des Glaubens willen buchstäblich wahr, als sie mit ihrem Blut das Glaubensbekenntnis in ihr Evangelienbuch hineinschreibt. Im Grunde ist ihr Glaube niemals sonst so rein und tief gewesen! *Jesus weiß ja, daß ich, wenn ich auch keine Freude am Glauben verspüre, mich doch wenigstens bemühe, dessen Werke zu tun. Ich glaube, seit einem Jahr habe ich mehr Glaubensakte verrichtet als in meinem ganzen Leben* (C 222).

Es gibt also bei ihren Glaubensakten keine fühlbare Freude mehr. Aber mehr denn je „will sie glauben" (C 223) und im Einklang mit dem Wort Jesu handeln. In der Nacht ihres Glaubens ist Thérèse keine Ungläubige, sondern eine sehr große Glaubende!

Inmitten ihrer Glaubensnacht, genauer gesagt durch ihren völlig blinden Glauben, erfährt Thérèse weiterhin - in einer viel größeren Tiefe - die Freude der geschenkten Liebe. Und - was in dieser Nacht paradox ist - die Freude, feststellen zu können, wie barmherzig der Herr inmitten dieser Dunkelheit ist!

Obwohl diese Prüfung mir jede fühlbare Freude raubt, vermag ich doch auszurufen: „Herr, Du überschüttest mich mit Freude durch alles, was Du tust." Denn gibt es eine größere Freude, als um Deiner Liebe willen zu leiden? ... Niemals habe ich so tief empfunden, wie mild und barmherzig der Herr ist; Er hat mir diese Prüfung erst geschickt, als ich die Kraft besaß, sie auszuhalten (C 222/223).

Noch nie war in Thérèses Seele die Gnade so fruchtbar. Sie hat die unsichtbare Hand, die sie führt, ergriffen und hält sie fest. Thérèse will nur mehr Jesus kennen. Sie bleibt völlig sicher, daß die Ungläubigen ganz überrascht sein werden, eines Tages vor dem Herrn zu erscheinen. Wenn diese sagen werden: „Herr, wenn wir diese wunderbare Welt angeschaut haben, dann dachten wir, daß sie zufällig entstanden ist und daß es nachher nichts geben würde", dann, so hofft Thérèse, wird ihnen der Herr antworten: „Tretet ein in mein Reich, andere haben für euch gebetet."

Am Tisch der Sünder

Thérèse bleibt auch in ihrer Glaubensnacht sehr motiviert: *Ich sage zu Jesus, ich bin froh, diesen schönen Himmel nicht auf Erden zu genießen, damit Er ihn den armen Ungläubigen für die Ewigkeit erschließt* (C 222).

Früher hat Thérèse nicht verstanden, daß es echte Atheisten gibt. Sie glaubte, *sie sprächen gegen ihre bessere Erkenntnis, wenn sie die Existenz des Himmels leugneten* (C 219).

Jetzt weiß sie durch persönliche Erfahrung, wie heftig die Vernunft gegen die Hingabe an das Wort Gottes Sturm laufen kann, wenn sie sich diesem widersetzt. Seit langem weiß sie, daß unser langsames Naturell und unsere Eigeninteressen uns vom Glauben abbringen können. Jetzt versteht sie den Anteil, den die Gnade am Glaubensakt hat, und wie sehr man in der Nacht treu bleiben muß. In ihrer Armut weiß sie sich solidarisch mit „den Seelen, die keinen Glauben haben" und mit den „Sündern", die sie ihre „Brüder" nennt und mit denen sie an „diesem mit Bitterkeit beladenen Tisch" sitzt, um dort „das Brot der Schmerzen zu essen" - damit *alle jene, die nicht von der hellen Fackel des Glaubens erleuchtet werden, endlich ihren Lichtschein erblicken* (C 220).

Der Holländische Katechismus schreibt zur Nacht Thérèses: Nichts war ihr von ihrem Glauben mehr übriggeblieben als die letzte Hingabe: Ich will glauben; hilf meinem Unglauben. So wurde dieses Mädchen eine Heilige, die einen Platz zwischen den Helden von Hebräer 11 verdient hat. In der großen Glaubenskrise, die ihre Zeitgenossen, die Intelligenz und die Arbeiter Europas, durchzumachen hatten, litt sie dieses Leid mit in der äußersten Hingabe der Liebe, zweimal neun Monate lang. Wieviel Leben wird nicht daraus geboren sein! (Holländischer Katechismus, Seite 331).

So wie eine Jeanne d´Arc kämpft Thérèse für den Glauben der Kirche und für den Triumph des Guten über das Böse. Gerade während ihrer Glaubensnacht hat sie mit dem wundersamen Abenteuer einer jungen Amerikanerin, namens Diana Vaughan, einer Konvertitin, die in einem französischen Kloster Zuflucht gesucht hat und früher ein sehr engagiertes Mitglied in der Satanskirche war, mitgefühlt. Gegenwärtig kämpfte Diana gegen ihre ehemaligen Irrtümer, indem sie ihre Memoiren veröffentlichte, die in den katholischen französischen Kreisen und auch im Ausland großes Aufsehen erregten. Im Karmel von Lisieux war man von Diana sehr begeistert. In ihrem Theaterstück „Triumph der Demut", das sie für den Namenstag der Priorin Marie de Gonzague verfaßt hat, schreibt Thérèse: *Diana Vaughan wurde zu einer zweiten Jeanne d´Arc . . . Mein größter Wunsch wäre es, wenn ich sie, nach Beendigung ihrer Mission, in unserem kleinen Karmel mit Jesus vereint sehen würde* (Récréations Pieuses 7).

Thérèse schreibt auch einen Brief an Diana und legt ihm ein Photo von sich in ihrer Rolle als Jeanne d´Arc bei. Sie erhält eine Antwort, die sie sorgfältig aufbewahrt. Aus Furcht vor den Freimaurern, die ihr nach dem Leben trachten, verbirgt sich Diana weiterhin, so daß manche mit der Zeit mißtrauisch werden. Um den Gerüchten ein Ende zu setzen, kündigt die Konvertitin eine Pressekonferenz für den Ostermontag, 19. April 1897, in Paris an; es würden dabei auch Bilder gezeigt werden. Mehr als vierhundert Journalisten, katholische und antiklerikale, sind an diesem Abend anwesend. Auf den Hintergrund hat man ein Dia projiziert, das ihr, wie es heißt, von einer Bewunderin Dianas aus einem Karmelitinnenkloster zugeschickt worden ist und das diese Bewunderin als „neue Jeanne d´Arc" zeigt. Es ist das Foto von Thérèse . . . Anstelle von Diana erscheint Léo Taxil auf der Bühne, ein sogenannter bekehrter Freimaurer, der mit außerordentlichem Zynismus bis ins kleinste enthüllt, was sich in der französischen Christenheit seit Jahren abspielt: Diana hat niemals existiert, er selbst steht hinter dieser Täuschung . . .

Einige Tage später erhält Thérèse den Bericht über diese Pressekonferenz und die Geschichte mit dem einzigen gezeigten Dia . . . Sie zerreißt den Brief Dianas, alias Léo Taxil, in tausend Stücke und wirft ihn auf . . . den Misthaufen. Mehr denn je begreift sie, daß es tatsächlich Seelen gibt, die den Glauben nicht haben, die durch den Mißbrauch der Gnaden diesen kostbaren Schatz verlieren (C 219). Jetzt weiß sie noch besser, für wen sie am Tisch der Sünder sitzt, auf die sie die Barmherzigkeit Gottes herabfleht.

Thérèse hat ein außerordentliches Vertrauen in die rettende Liebe des Herrn. Wir bemerken dies auch noch in einem anderen Theaterstück, vom Jänner 1896, das sie für den Namenstag der damaligen Priorin Agnès geschrieben hat: Die Flucht nach Ägypten. Wie Maria (Thérèse hat diese Rolle gespielt!) und Josef mit dem Jesuskind, da sie kein Dach über dem Kopf hatten, in einer Höhle bei der Familie eines . . . Räubers Zuflucht gesucht haben. Maria heilt Dimas, das aussätzige kleine Kind dieser Familie. Aber Susanna, die Mutter, ist bezüglich der Zukunft des Kleinen weiterhin besorgt: wird er nicht, da er in diesem Milieu heranwächst und erblich bedingt, in die Fußstapfen seines Vaters treten? Maria macht ihr klar, daß sie sich wegen des kleinen Dimas wirklich keinen allzu großen Illusionen hingeben sollte, da er nicht besser als sein Vater werden würde . . . Aber mit einem prophetischen Blick in die Zukunft sagt sie, daß ihr Sohn, Jesus, eines Tages vom Kreuz aus zu Dimas sagen wird: „Heute noch wirst du bei mir im Paradiese sein." Die Güte Jesu wird den „guten Schächer" bis an sein Ende begleiten! Er läßt ein Werk nicht gern unvollendet! Vorausgesetzt, daß Dimas sich eine gewisse Offenheit bewahrt . . . Denn, so sagt Thérèse (Maria) zu Susanna: *Hab Vertrauen in die unendliche Barmherzigkeit des lieben Gottes; sie ist groß genug, um die größten Verbrechen auszulöschen, wenn sie das Herz einer Mutter findet, die ihr ganzes Vertrauen in sie setzt. Jesus will nicht den Tod des Sünders, sondern daß er sich bekehre und in Ewigkeit lebe* (Récréations Pieuses 6).

So bleibt Thérèse in ihren Gedanken, ihrem Gebet und ihrem Opfer Miterlöserin. Ja, gerade auch in diesem Theaterstück im Opfern. Während der Aufführung stößt sich die Priorin Agnès, der zu Ehren dieses Fest gefeiert wird, an der Umgangssprache der Gauner, ihren Studentenliedern, den Scharmützeln der Novizinnen, die sich an den leeren Flaschen (in angemessener Weise!) anscheinend gütlich tun, und an der Länge des Stückes. Sie läßt das Schauspiel mittendrin abbrechen. Thérèse trocknet schnell einige Tränen und versucht neuerlich zu lächeln. Fortan wird sie nur noch kürzere Theaterstücke schreiben . . .

Fünftes Kapitel

MEINE BERUFUNG IST DIE LIEBE!

Nicht für sich allein geht Thérèse ihren *Kleinen Weg* und vertraut sie sich der Barmherzigkeit Gottes an. Als sie gerade seit zwei Monaten von der tiefsten Dunkelheit umhüllt ist, bittet Marie de Gonzague sie, für einen zweiten „Priesterbruder" zu beten und für ihn zu opfern, für Adolphe Roulland, der gerade nach China fahren soll. Thérèse selbst hat ebenfalls den Wunsch geäußert, in einen Karmel in der Mission zu gehen, und im Herbst 1896 denkt man ernsthaft daran, sie nach Hanoi zu senden.

Zu dieser Zeit haben ihre missionarischen Wünsche ihren Höhepunkt erreicht! Sie möchte für Jesus Missionarin sein, für alle Zeiten und an jedem Ort gleichzeitig: Wünsche, die zeitmäßig und geographisch unvereinbar sind und die schließlich harmonisch in ihrer Berufung, *im Herzen der Kirche die Liebe zu sein,* münden.

All dies hat Thérèse in ihrer Autobiographie Manuskript B beschrieben, dem langen Brief an ihre Schwester Marie vom September 1896, der ein geistliches Dokument von unsterblichem Wert darstellt und die große Charta ihrer Lehre über die geistige Kindschaft ist.

Ein langer Brief!

Zunächst kurz zu der äußeren Struktur dieses Manuskripts. Vor nicht allzu langer Zeit hatte Thérèse ein Gespräch mit ihrer Schwester Marie, die sie damals gebeten hatte, ihre „kleine Lehre" (B 194) für sie niederzuschreiben. Thérèse geht während ihrer Exerzitien am 8. September 1896, dem sechsten Jahrestag ihrer Profeß, ans Werk. Sie nimmt zwei Blatt kariertes Papier, faltet sie in der Hälfte zusammen und schreibt sie ganz voll: das ergibt also acht Seiten, in chronologischer Hinsicht der erste Teil des Manuskripts B.

Danach nimmt Thérèse ein neues Blatt Papier, faltet es, gibt es als Schutzblatt über die beiden beschriebenen Blätter und hat nun eine neue „erste Seite", welche sie bis zu den bereits beschriebenen Seiten hin vollschreibt. Was nun in der gedruckten Ausgabe der zweite Teil des Manuskripts B (195-208) ist, wurde chronologisch gesehen also zuerst geschrieben. Und was der erste Teil ist (B 191-194), wurde chronologisch später geschrieben: dies sind die Seiten, die die folgenden, bereits geschriebenen, zusammenfassen und deuten.

Thérèse schiebt dann ihr literarisches Produkt unter der Tür Maries durch! Aber ihre Schwester versteht das Ganze nicht so recht. Das Wesentliche bei der Argumentation begreift sie nicht. Angesichts der stürmischen Wünsche ihrer Schwester reißt sie die Augen weit auf und bittet sie entmutigt um eine weitere Erklärung . . . Die Antwort läßt nicht auf sich warten: es ist dies der Brief 197 Thérèses vom 17. September, ein neuerlicher Versuch, das Wesentliche an ihrer „kleinen Lehre" herauszustellen, gewissermaßen der dritte Teil des Manuskripts B! In dieser Reihenfolge wollen wir versuchen, die Hauptgedanken dieser Seiten, die zur höchsten geistigen Literatur zählen, darzulegen.

Der Weg der Liebe

1. Thérèse erzählt zunächst ihren ermutigenden Traum vom 10. Mai (B 195-197). Im Schlaf sieht sie die ehrwürdige Anna von Jesus, die rechte Hand der heiligen Teresa von Avila, die die theresianische Reform von Spanien nach Frankreich und in die Niederlande gebracht hat. Thérèse beginnt mit ihr ein kurzes Gespräch, weil sie wissen will, ob sie bald in den Himmel eingehen kann, und dann fragt sie sie (und beide Fragen sind bereits fest in ihrem Unterbewußtsein verwurzelt): *Sagen Sie mir noch, ob der liebe Gott nicht mehr von mir verlangt als*

meine armseligen kleinen Handlungen und meine Sehnsüchte. Ist Er zufrieden mit mir? (B 196/197).

Die Antwort ist positiv, und Thérèse wird vor Freude wach. Sie betrachtet diesen Traum als eine Ermutigung durch den Herrn inmitten ihrer dunklen Glaubensprüfung und als eine Bestätigung der Richtigkeit ihres Weges. Denn ihr kleiner Weg ist hier tatsächlich gut zusammengefaßt: dein Möglichstes tun in den „armseligen kleinen Handlungen", die du verrichten kannst, und dann „sehnen": vertrauen, daß der Herr sich mit deinen ohnmächtigen Anstrengungen zufrieden gibt und dir schließlich das schenken wird, was du aus eigener Kraft nicht erreichen kannst. Der Bericht von diesem Traum stellt von nun an ein schönes „Präludium" zu ihrer „kleinen Lehre" dar.

Bleiben wir ein wenig bei dem Ausdruck „armselige kleine Handlungen" stehen. Für Thérèse sind das keine lieben und leeren Verkleinerungsformen. Die große Kontemplative gibt den Ausdrücken, die sie gebraucht, stets einen Sinn! Sie glaubt an das, was sie sagt, durchdrungen von dem Wissen um ihre Armut und ihre Grenzen, und von diesem präzisen Blickwinkel her müssen wir den häufigen Gebrauch des Wortes „klein" in diesem Manuskript interpretieren.

Das Kleinsein gehört zum Leben Thérèses. Aber welcher Adel verbirgt sich dahinter! Kleinsein bedeutet hier Tiefe in Demut und Selbstvergessenheit, Wahrheit und Verfügbarkeit, freier Raum für diesen so viel größeren Gott, auf den sie ihre Hoffnung setzt. Jesus hat die Armen in der Bergpredigt selig gepriesen, und Thérèse reiht sich entschieden in ihre Reihen ein. Sie betrachtet die Kleinen als die privilegierte Klasse der Freunde Jesu - im Grunde die einzige Klasse, die Er spontan liebt. Denn wenn ihr nicht werdet wie die Kinder, könnt ihr nicht in das Himmelreich kommen, sagt Er zu allen (Mt 18,3). Thérèse möchte jeden Schatten von Stolz meiden! Und deshalb führt sie ihre „Treulosigkeiten" an, „ihre Schwächen" und „Fehler".

Auffallend ist, daß sie in diesem Brief jedesmal den Ausdruck „kleine Seelen" unterstreicht, bis zu sieben Mal. Sie weiß, daß diese Leute „Legion" (B 208) sind! In ihrer Gesellschaft fühlt sie sich zu Hause, für sie ist ihre „kleine Lehre" bestimmt. Im Grunde beschreibt Thérèse den Weg, den jeder gehen muß.

2. Daß dieses Kleinsein zur Großherzigkeit nicht in Widerspruch steht, geht aus den „unermeßlichen Wünschen", die sie nun beschreiben wird, ganz klar hervor (B 196/197). Mit der Vertiefung ihrer Liebe zu Jesus und ihres Glaubens an die Barmherzigkeit Gottes ist ihr apostolischer Eifer gewachsen und weltumfassend geworden. Ihre ungestümen Bestrebungen stellen für sie ein „wahres Martyrium" dar, die Anfänge des Martyriums der Liebe, um das sie in ihrem Akt der Hingabe an die Liebe gefleht hat.

Ihre große Qual besteht in dem Umstand, daß ihre zahlreichen und sogar widersprüchlichen Wünsche offensichtlich nicht miteinander in Einklang gebracht werden können. Nicht ein einziger kann in ihrer verborgenen Berufung als Karmelitin zur Gänze erfüllt werden! Thérèse möchte sich in einem begrenzten Leben grenzenlos verschenken. Es sind „Hoffnungen, die ans Unendliche grenzen", „größer als das Universum", „Verrücktheiten", also „unvernünftiges Gerede"! Niemand wird je zur selben Zeit diese ganze Palette an Wünschen verwirklichen können, die so weit wie die Welt selber sind. Zwischen Traum und Grenze entsteht eine unerträgliche Spannung, die das höchste Leid in dieser großen Liebe ist.

3. Das Manuskript B zeigt uns dann, wie Thérèse an einem Tag im Sommer 1896 die Kapitel 12 und 13 des ersten Korintherbriefes auf der Suche nach einer Antwort betrachtet. Und der Heilige Geist schenkt ihr Licht und Frieden! Sie begreift, wie die Liebe, die Paulus den Weg nennt, der „die vollkommensten Gaben" übersteigt, die treibende Kraft der Kirche ist. Wie die Vitalität des physischen Leibes vom Pulsschlag des

Herzens abhängt, so lebt der mystische Leib Christi, der die Kirche ist, von der göttlichen Liebe, aus der die Herzen der Menschen schöpfen können, für sich selbst und für die anderen. Die Liebe ist die Gabe Gottes, die dem Wort und den Sakramenten der Kirche Leben schenkt - und die auf sehr verborgenen Wegen wirken kann.

Ich erkannte, daß die Liebe allein die Glieder der Kirche in Bewegung setzt, und würde die Liebe erlöschen, so würden die Apostel das Evangelium nicht mehr verkünden, die Märtyrer sich weigern, ihr Blut zu vergießen . . . Ich begriff, daß die Liebe alle Berufungen in sich schließt, daß die Liebe alles ist, daß sie alle Zeiten und alle Orte umspannt . . . mit einem Wort, daß sie ewig ist! . . . Da rief ich im Übermaß meiner überschäumenden Freude: O Jesus, meine Liebe . . . endlich habe ich meine Berufung gefunden, meine Berufung ist die Liebe! . . . Ja, ich habe meinen Platz in der Kirche gefunden, und diesen Platz, mein Gott, den hast Du mir geschenkt . . . Im Herzen der Kirche, meiner Mutter, werde ich die Liebe sein . . . So werde ich alles sein . . . So wird mein Traum Wirklichkeit werden!!! . . .
(B 200/201).

Thérèse verfolgt auch ihr früheres Ideal weiter: die Liebe, in der Fülle der Heiligkeit. Aber diese Liebe erhält hier ihre apostolische Fülle. Das einstige Ideal wird in einem umfassenderen Sinn verstanden. Thérèses Gemeinschaftssinn wird jede Grenze überschreiten, ihre Liebe zu Jesus und zu Seinem Reich wird tief wie das Meer, weit wie der Meeresstrand, treu bis in den Tod.

4. Aber hat sich Thérèse ihr Ziel nicht zu hoch gesteckt, will sie nicht zu vieles auf einmal umfassen? Wie kann ein kleines und ohnmächtiges Wesen, das sich so intensiv auf die Liebe hin ausspannt, dieses Ideal verwirklichen? Die Antwort in Manuskript B beinhaltet einen neuerlichen, aber noch tieferen Ruf zum „kleinen Weg" des vollkommenen Vertrauens auf Gott, der sie selber zum Gipfel der Liebe führen wird. Das „Geheimnis"

(B 201) Thérèses, ihr Ziel zu erreichen, besteht in ihrer radikalen Empfänglichkeit!

Thérèse erneuert tatsächlich voll Vertrauen ihre Hingabe an den barmherzigen Gott. *Ich bin nur ein Kind, ohnmächtig und schwach, aber gerade meine Ohnmacht verleiht mir die Kühnheit, mich Deiner Liebe, o Jesus, als Opfer anzubieten!* (B 201).

Und Thérèse erinnert uns an die neuen Wege des Heils, die Gott uns damit eröffnet hat, daß Er uns Seinen Sohn schenkte: dem alten Gesetz folgte „das Gesetz der Liebe" Jesu. Und je tiefer sich die Liebe herabneigen kann, desto stärker enthüllt sie ihr Antlitz des Erbarmens: *Die Liebe hat mich schwaches, unvollkommenes Geschöpf als Brandopfer erwählt . . . Ist diese Wahl nicht der Liebe würdig? . . . .. Doch, denn damit die Liebe vollkommen befriedigt wird, muß sie sich erniedrigen, sich bis zum Nichts hinab erniedrigen und dieses Nichts in Feuer umwandeln . . .* (B 201).

5. Dann erklärt Thérèse unter anderem, wie sie ihre großherzige Liebe zu Jesus und zur Kirche verwirklichen will. „Die Liebe beweist sich durch die Werke" (B 203): ein gesunder Grundsatz von Thérèse, der weit davon entfernt ist, Laxheit zu predigen, wenn sie auch dem sich herniederneigenden Erbarmen Gottes das letzte Wort überläßt. Auch hier gilt: sie will all ihre Liebe von Gott selbst erhalten, um dann diese Liebe in konkrete Taten umzusetzen.

Wir werden im folgenden sehen, wie diese Liebe in all ihrer Radikalität dennoch ein demütiges und bescheidenes Antlitz trägt, wie sie sich in all den kleinen Umständen und Handlungen des alltäglichen Lebens zeigt (B 203/204).

In der Allegorie vom kleinen Vogel liefert uns Thérèse eine genaue Beschreibung ihres Vertrauens inmitten ihrer Schwachheit und ihrer Glaubensprüfung. Was einen dabei berührt, ist einerseits der Frieden, die Freude, die entschiedene Hingabe und ihre Glaubenstreue, andererseits ihr Zurückweisen aller Furcht, aller Traurigkeit oder Flucht (B 203/204). Der ganze

Abschnitt ist in Form eines Gebetes geschrieben, das am Ende ihre innere Glut ganz wunderbar zum Ausdruck bringt.

Thérèse entwickelt ihren Gedanken um die Achse Erbarmen-Vertrauen. *Oh Jesus! Laß mich im Überschwang meiner Dankbarkeit, laß mich Dir sagen, daß Deine Liebe bis zum Wahnsinn geht . . . Wie sollte denn, nach Deinem Willen, angesichts dieses Wahnsinns mein Herz Dir nicht entgegenfliegen? Wie sollte mein Vertrauen Grenzen kennen? . . . Jesus, ich bin zu klein, um Großes zu tun . . . und mein eigener Wahnsinn besteht darin, zu hoffen, daß Deine Liebe mich als Opfer annimmt . . . Eines Tages, das ist meine Hoffnung, wirst Du, mein angebeteter Adler, Deinen kleinen Vogel holen und Dich mit ihm zum Flammenherd der Liebe erheben, wirst ihn auf ewig in den brennenden Abgrund dieser Liebe versenken, der er sich als Opfer geweiht hat . . . Oh Jesus! Könnte ich doch allen kleinen Seelen sagen, wie unaussprechlich Deine Herablassung ist . . . Ich fühle, wenn Du - was nicht anzunehmen ist - eine schwächere, eine kleinere Seele fändest als die meine, so hättest Du Dein Wohlgefallen daran, sie mit noch größeren Gnaden zu überhäufen, wenn sie sich nur mit vollem Vertrauen Deiner unendlichen Barmherzigkeit überließe. Aber warum soll ich danach verlangen, Deine Liebesgeheimnisse mitzuteilen, o Jesus, hast nicht Du allein sie mich gelehrt und vermagst Du sie nicht auch anderen zu offenbaren? . . .* (B 207/208).

Vertrauen, nichts als Vertrauen

Wie wir bereits erklärt haben, hat Thérèse die beiden ersten Seiten der Endfassung des Manuskripts B erst im nachhinein geschrieben. Sie beleuchten noch einmal einerseits das Ziel, das ihr Leben bestimmt („die Wissenschaft der Liebe", die jeden Reichtum übertrifft, „das einzige Gut, nach dem ich strebe"), und anderseits die Haltung, die erforderlich ist, um zu dieser Liebe zu gelangen: *Jesus gefällt es, mir den einzigen Weg zu zeigen, der zu diesem göttlichen Glutofen führt, und dieser Weg ist die Hingabe des kleinen Kindes, das angstlos in den Armen seines Vaters einschläft* (B 192).

Um diese These zu untermauern, beruft sich Thérèse auf zwei Texte der Heiligen Schrift, die ihrer Entdeckung des kleinen Weges zugrunde liegen (B 192).

Der Brief an Marie (Brief 197) vom 17. September ist ein neuerlicher Versuch, ihre Gedankengänge zu erklären. Thérèse argumentiert, daß ihre brennenden Wünsche nach dem Martyrium „nichts sind" und in keiner Weise die Grundlage für ihr unbegrenztes Vertrauen darstellen. Es könnte sogar zu den „geistlichen Reichtümern, die einen nicht gerecht machen", zählen, wenn man daran Gefallen fände! *Ich fühle wohl, daß es keineswegs das ist, was dem lieben Gott in meiner kleinen Seele gefällt; Ihm gefällt es zu sehen, daß ich mein Kleinsein und meine Armut liebe, meine blinde Hoffnung auf Seine Barmherzigkeit ... Das ist mein einziger Schatz.*

Und dann erklärt Thérèse weiter mit noch größerer Entschiedenheit: *Verstehen Sie: Wenn man Jesus lieben, Sein Opfer der Liebe sein will - je schwächer man ist, ohne Wünsche, ohne Tugenden, umso eher ist man geeignet für das Wirken dieser verzehrenden und umwandelnden Liebe ... Schon allein der Wunsch, Opfer zu sein, genügt. Aber man muß einwilligen, immer arm und kraftlos zu bleiben, und das ist schwer ...*

Im höchsten Bemühen um Verdichtung gelangt Thérèse zu dieser in ihrer Einfachheit erstaunlichen Formulierung: *Das Vertrauen und nichts als das Vertrauen muß uns zur Liebe führen.*

Vor sechs Jahren hatte Thérèse als Novizin in einem Brief an Marie Guérin auch vom Weg gesprochen, der zur Liebe führt. Damals lautete die Formulierung ganz anders: *Für mich kenne ich kein anderes Mittel, um zur Vollkommenheit zu gelangen, als die Liebe* (Brief 109).

Damals glühte Thérèse in einer Begeisterung, die noch nicht

genügend im Leben erprobt war. Sie stützte sich noch auf die unausgesprochene Überzeugung, daß es ihr mit ihren sehr großherzigen persönlichen Kräften gelingen könnte, ihren Traum von der Liebe zu verwirklichen. Trotz aller Großherzigkeit mußte Thérèse Jahre der Ohnmacht und ein Mehr an göttlichem Licht erleben, ehe sie zu ihrer neuen und endgültigen Sicht gelangte, wo alle Ehre der göttlichen Barmherzigkeit allein zukommt. Ihre Erfahrung spiegelt zweifellos die eines jeden Christen wider, der ernsthaft sucht.

Die Botschaft weitergeben

Während der letzten eineinhalb Jahre ihres Lebens arbeitet Thérèse weiter an der Darstellung und der Ausformulierung ihrer Lehre, um sie möglichst dicht und doch gut verständlich weitergeben zu können. So finden wir in ihren Briefen jede Menge an Definitionen und kurzen Beschreibungen, in denen sie ihren Gedanken über die Heiligkeit entwickelt. Ihre Ansichten bilden ein zusammenhängendes Ganzes: es ist eine kleine „Lehre". Diese hat etwas ganz Persönliches an sich: „mein Weg", sagt sie, „meine Art". Thérèse ist sich dessen bewußt, daß es sich dabei um etwas Ungewöhnliches handelt, etwas, das von der gängigen Meinung ihrer Zeit abweicht.

Ausgehend von der Heiligen Schrift entwirft Thérèse ihr Bild von Gott, dem Vater, und färbt dieses auch spontan nach ihrer persönlichen Erfahrung eines sehr guten und verständnisvollen Vaters, M. Martin. Und das Bild des Kindes, das sie skizziert, entspricht zu einem guten Teil ihrer eigenen sehr vorbildlichen und schöpferischen Kindheit.

Von dieser Hinwendung Thérèses zu Gott als Vater dürfen wir allerdings nicht schließen, daß ihre Frömmigkeit nicht christozentrisch gewesen wäre. Christus bleibt die Mitte. Er ist ihr „Bräutigam", aber ein Bräutigam mit sehr väterlichen Zügen. Und Thérèse bleibt „Braut", aber eine Braut, die im Lauf der Jahre immer mehr wie ein Kind wird.

Mehrere Faktoren haben zu der klaren Ausformulierung und Darstellung ihrer Lehre beigetragen. An erster Stelle die Nacht ihres geistigen und auch bald körperlichen Leidens. In ihr muß sie sich an die Gewißheiten ihres Glaubens und die Intuitionen ihres Vertrauens klammern, sie muß sie durch ihr Gebet nähren und sie sich immer mehr zu eigen machen. Hier vertieft das Leben die Lehre.

Dann ist da ihre erzieherische Tätigkeit. Seit März 1896 ist sie als Novizenmeisterin bei lernbegierigen jungen Schwestern voll im Einsatz - ohne den Titel zu tragen, den Marie de Gonzague sich vorbehält. Thérèse muß sie begleiten und ihnen helfen, ihnen Ratschläge erteilen, auf ihre Fragen und Einwände antworten. Ihnen gegenüber drückt Thérèse ihre tiefsten Überzeugungen aus. Sie sucht nach Symbolen, nach Beispielen, Veranschaulichungen, nach Anekdoten . . . Sie versteht sich als Verkünderin ihres kleinen Weges!

Sogar außerhalb der Klostermauern hat sie ihre Schüler! Zum Beispiel den Missionar Pater Roulland, für den sie betet und dem sie schreibt. Ihm legt sie am besten verständlich ihre Vorstellungen vom Zusammenspiel zwischen der Barmherzigkeit Gottes und seiner Gerechtigkeit dar; aus Gerechtigkeit muß Gott unsere Schwäche bedenken und daher barmherzig sein (Brief 226). Und dann ihre eigene Schwester Léonie, die bereits dreimal beim Versuch, ein Ordensleben zu beginnen, gescheitert ist. Gerade Léonie braucht besondere Ermutigung. Sie ist eine typische Vertreterin einer „kleinen Seele": schwach, aber voll guten Willens. Schließlich der Seminarist Bellière, ihr erster „geistlicher Bruder". Bellière ist jung, sehr gefühlvoll, sogar sentimental (ihm fehlte bei der Erziehung der Vater), er quält sich mit Schuldkomplexen. Thérèse genießt sein ganzes Vertrauen und kann ihm ganz weit die Schleusen zu ihrer kleinen Lehre öffnen. Die Briefe an Bellière liefern uns diesbezüglich einen weiten Rundblick in Thérèses Gedankengut.

Gegen Ende ihres Lebens bemerken wir, wie bei Thérèse das prophetische Bewußtsein zunimmt, daß sie eine *Sendung* gegenüber der Welt zu erfüllen hat (IGL 110). Vor allem auf ihrem Krankenbett äußert sie sich bei den Befragungen, der ihre Schwestern sie unterziehen, zu diesem Thema.

Sechstes Kapitel

DYNAMIK DER HOFFNUNG

Nachdem wir untersucht haben, wie Thérèses Vertrauen gewachsen ist, wollen wir nun noch von einer anderen Warte aus die Struktur ihrer Sichtweise erklären. Wie passen ihre Intuitionen und ihre Erfahrungen zusammen?

Wir können feststellen, daß in der geistigen Entwicklung Thérèses zwei Kräfte zusammenwirken. Zunächst wendet sie sich, da sie ihr Unvermögen erkennt, aus eigener Kraft zur vollkommenen Liebe zu gelangen, von sich weg und zu Gott hin, „dem nichts unmöglich ist" (Lk 1,37). Der Ausgangspunkt ist negativ, das Ergebnis positiv.

Zur gleichen Zeit verstärkt eine zweite Kraft diese erste. Eine zentripetale Kraft zieht sie zu Gott als ihrem neuen Mittelpunkt hin. Von Gottes Barmherzigkeit fasziniert, läßt sie sich in die göttliche Sphäre hineinziehen. Hier ist der Ausgangspunkt positiv, und die Folge bei Thérèse ist eine größere Selbstvergessenheit, um in Gott wiedergeboren zu werden.

Der Mensch, das unvollendete Wesen

In dem Maß, wie Thérèse ihr Ende herannahen fühlt, stuft sie sich selbst immer mehr als „schwach" und „unvollkommen" ein. Müssen wir sie ernst nehmen, wenn alle Zeugen einstimmig ein Loblied auf ihre Treue singen?

Halten wir zunächst einmal fest, daß diese Zeugen bloß Zuschauer sind. Von außen können sie nicht immer in die Bereiche des Herzens vordringen, wo sich der moralische Wert einer Handlung entscheidet. Wie können sie die Motive ergründen? Was wissen sie von den im Inneren verborgenen Gefühlen? Wie können sie über die beständige Offenheit der Gnade gegenüber urteilen? Das ist ein Bereich, zu dem nur Thérèse und Gott vollen Zugang haben. *Oh, wie sehr kennt der liebe Gott ganz allein das Innerste der Herzen,* schreibt sie (C 245).

Im übrigen gibt es ja auch Fehler, die nur mittelbar mit Schuld zu tun haben und nicht vorsätzlich begangen werden, denen aber dennoch eine ungeläuterte Wurzel zugrunde liegt. Außerdem hat die Feinfühligkeit des Gewissens Thérèses, wie es in ihrer Kindheit gewesen ist, sich weiter entwickelt. Sie bemerkt jeden Fehler, auch wenn die Freude über die göttliche Barmherzigkeit obsiegt. Obwohl sie von der rettenden Macht Gottes überzeugt ist, hindert sie dies nicht daran, ihre besonders innige Beziehung zu Ihm mit einer doppelten Ehrfurcht vor Seiner Majestät zu verbinden.

Je heiliger sie wird, desto mehr verstärkt sich ihre Sensibilität gegenüber Gut und Böse. Der heilige Johannes vom Kreuz hat in ergreifenden Worten erklärt, welche Nacht des Gefühls Nicht-würdig-zu-sein die Annäherung an Gott in einer Seele entfesseln kann. Im Licht Gottes wird das kleinste Staubkörnlein sichtbar. Seit Thérèse mit den Ungläubigen und Sündern zusammen am „Tisch der Sünder" sitzt, fühlt sie sich in ihrem Inneren mit ihnen solidarisch. Eines Morgens, als sie das Schuldbekenntnis betet, hat sie den starken Eindruck, eine „große Sünderin" zu sein (IGL 161). Nun ruft sie vor dem Bild des gekreuzigten Jesus, das zehn Jahre vorher einen solchen Durst nach dem Apostolat in ihr ausgelöst hat, aus: *Herr, Du weißt, daß ich Dich liebe, aber hab Erbarmen mit mir, denn ich bin eine Sünderin.* Fünf Monate vor ihrem Tod gesteht sie Abbé Bellière: *Glauben Sie mir, der liebe Gott hat Ihnen keine große Seele zur Schwester gegeben, sondern eine ganz kleine und sehr unvollkommene* (Brief 224).

Solche Ausdrücke wollen nicht zu einer größeren Demut oder zu einem Sich-Verbergen vor ihrer Umgebung beitragen. Thérèse meint es ganz ernst, wenn sie von ihrer Armut spricht.

Sie erfaßt ihren Weg genau - ausgehend von dieser Situation der Unvollkommenheit, die im Wissen um die göttliche Barmherzigkeit den Boden bildet, auf dem das Vertrauen wachsen kann. *Die Demut ist die Wahrheit* (MST 32), schreibt sie in Anlehnung an ihre Namensschwester und Patronin, Teresa von Avila. Das veranlaßt sie, die Wunder Gottes in ihrem Leben (C 217) ebenso gut zu sehen wie die Grenzen, die sie von ihrem Ideal fernhalten. Von außen gesehen gibt es vielleicht nichts mehr, was man ihr vorwerfen könnte, aber ihr Inneres sieht sie selbst mit dem scharfen und ganz geläuterten Blick einer Heiligen. Man darf nicht glauben, daß Thérèse die anderen einen Weg des Vertrauens inmitten ihrer Situation der Unvollkommenheit lehrt, ohne selbst diese Situation mit ihnen noch zu teilen. Wenn sie auch bereits weiter fortgeschritten ist als die anderen, so geht sie doch auf demselben gemeinsamen Weg, der sie zum Gipfel führt.

Es ist zweifellos ermutigend zu hören, daß die Heilige von Lisieux sogar in den letzten Monaten ihres Lebens alle möglichen kleinen Verfehlungen bekennt: das Aufkommen von Ungeduld während ihrer Krankheit - bloß einen Augenblick lang (Brief 230); Gelegenheiten, kleine Opfer zu bringen, die sie vorübergehen läßt (C 264). Und während ihr die Nächstenliebe gleichsam zur zweiten Natur geworden ist, bemerkt sie nichtsdestoweniger: *Ich will nicht sagen, daß ich keine Fehler mehr begehe, oh! dafür bin ich zu unvollkommen* (C 234).

Aber die Freude an der Wahrheit hat jede egoistische Traurigkeit über ihre Verfehlungen hinweggenommen: *Alle Geschöpfe können sich der kleinen Blume zuneigen, sie bewundern, sie mit ihrem Lob überschütten, das alles kann, ich weiß nicht warum, keinen einzigen Tropfen falscher Freude zur wahren Freude hinzufügen, die sie in ihrem Herzen verspürt, weil sie erkennt, was sie in den Augen Gottes ist: ein armes kleines Nichts, nicht mehr* (C 213).

Diese Unvollkommenheit ist nicht nur eine gegebene Tatsache. Sie ist auch unvermeidlich, eine Gegebenheit, die der menschlichen Natur zugrunde liegt. In ihrer „Hingabe an die erbarmende Liebe des lieben Gottes" hält Thérèse fest, daß *all unsere Gerechtigkeit in den Augen Gottes mangelhaft ist,* und sie sieht realistisch voraus, daß *sie aus Schwachheit manchmal fallen wird. Kein menschliches Leben ist frei von Fehlern,* schreibt sie (Brief 226). *Auch die Heiligmäßigsten werden erst im Himmel vollkommen sein* (C 259).

Der Gerechte fällt eben sieben Mal am Tag (Spr 24, 16).

Drei Monate vor ihrem Tod legt Thérèse ein sehr bedeutsames Geständnis ab. Außer einem Glauben voller Hoffnung auf die befreiende Kraft Gottes entdecken wir darin auch eine tiefe Einsicht in die Unvollkommenheit, die jedem menschlichen Wachstum auf Gott hin zu eigen ist. *Wenn ich an meine Noviziatszeit zurückdenke, so sehe ich recht deutlich, wie unvollkommen ich war . . . Ich machte mir Sorgen um solche Kleinigkeiten, daß ich jetzt darüber lache. Oh! wie gut ist der Herr, daß Er meine Seele wachsen ließ, ihr Flügel verlieh . . . Später wird mir zweifellos auch meine jetzige Zeit voller Unvollkommenheiten erscheinen; doch jetzt wundere ich mich über nichts mehr, ich sorge mich nicht, wenn ich sehe, daß ich die Schwäche selbst bin; im Gegenteil, ich rühme mich ihrer und mache mich jeden Tag darauf gefaßt, neue Unvollkommenheiten in mir zu entdecken* (C 237).

Gott, der Unerreichbare

Thérèse wird noch in anderer Weise, gerade durch ihre unendlichen Wünsche, stark mit ihrer Unvollkommenheit konfrontiert. Lieben: ganz, ohne Grenzen, unendlich, das war und ist der Traum dieser jungen Frau. Um dieses Zieles willen ist sie arm geworden, betend, wachend, beseelt von einem tiefen Sinn für das Unendliche. Am Tag ihrer Profeß bittet sie um „die Liebe, die keine andere Grenze kennt als Dich . . ., die Liebe, die nicht mehr ich bin, sondern Du, mein Jesus". In ihrer „Hingabe an die Liebe" fleht sie um die „vollkommene Liebe", „das Martyrium der Liebe". Das Manuskript B spricht von der „Fülle der Liebe" (B 204) und zehn Mal von ihrem Wahnsinn.

Als Liebende entdeckt Thérèse alle positiven Möglichkeiten, die am Grunde des menschlichen Herzens verschüttet liegen. Sie ist ganz versessen auf die Liebe! Bei jedem Akt der Liebe fühlt sie in sich den Ruf laut werden: „noch", „mehr"! Ihre Fähigkeit zu lieben wächst ohne Unterlaß. *Beglückt sehe ich, daß durch die Liebe zu Ihm das Herz sich weitet, daß es nun imstande ist, all jenen, die ihm teuer sind, eine unvergleichlich größere Zärtlichkeit zu schenken, als wenn es sich in einer selbstsüchtigen und unfruchtbaren Liebe in sich abgekapselt hätte* (C 249).

Ein Herz, das sich Gott schenkt, verliert seine natürliche Zärtlichkeit nicht, im Gegenteil, diese Zärtlichkeit wächst, je reiner und göttlicher sie wird (C 225).

Jede Sättigung der Liebe bringt nur noch größeren Durst nach ihr hervor. *Deine Liebe ist mein einziges Martyrium, je mehr ich sie in mir brennen spüre, desto mehr verlange ich nach Dir* (G 31).

Ihr ganzes Leben der Liebe ist durchdrungen von dem Wunsch, den Viel-Geliebten zu lieben, wie es Ihm gefällt, wie Er es eigentlich verdienen würde, in einer Antwort, die der Liebe, mit der sie geliebt wird, ebenbürtig ist und ebenso viel gibt, wie sie empfängt. Thérèse, die glühend liebt, möchte Gott genauso lieben, wie Er sie liebt.

Aber hier wird sie ohne Ende scheitern - auch wenn sie sehr heilig ist! Gott wird niemals in dem Maß geliebt, wie Er uns liebt! Er liebt uns immer zuerst und mehr. Die Liebe muß, da sie stets besiegt wird und an ihren Traum nicht heranreicht, gestehen: „Gott ist größer als unser Herz" (1 Joh 3,20). Und dennoch muß die Liebe nach dieser Ebenbürtigkeit streben.

Der heilige Johannes vom Kreuz sagt, daß die Seele danach strebt, Gott mit jener Reinheit und Vollkommenheit zu lieben, mit der sie von Ihm geliebt wird, um Ihm zu vergelten, was sie Ihm schuldet . . . Dieses Sehnen der Seele zielt auf die Gleichförmigkeit mit der göttlichen Liebe, die sie immer sowohl der Natur als auch der Gnade nach erstrebte. Denn der wahrhaft Liebende kann sich nicht zufrieden geben, bis er der Liebe zu entsprechen glaubt, mit der er geliebt wird (Johannes vom Kreuz, Geistlicher Gesang, 38,2-3).

Was Thérèse vorschwebt, ist, ein Kanal zu werden, durch den die Liebe Gottes in vollkommener Weise durch uns hindurch und zu Ihm zurückfließen kann. Aber wie könnte der Kanal je breit genug sein, um eine solch unendlich große Liebe durchzulassen? Und wenn wir wirkliche Fehler begehen, echte Sünden: würde das die Liebe nicht verzögern und sie auch vermindern?

Unmerklich entdeckt Thérèse mit einer unerbittlichen Schärfe, daß wir Gott niemals so lieben werden, wie Er uns liebt. Wir werden immer die Unterlegenen bleiben und müssen die Ohnmacht unserer Liebe erkennen. Am Abend ihres Lebens wird die Heilige in einem umfassenden Rückblick dieses bewegende Bekenntnis ablegen: *Deine Liebe umsorgte mich seit meiner Kindheit, sie wuchs mit mir heran, und nun ist sie ein Abgrund, dessen Tiefe ich nicht auszuloten vermag. Liebe zieht Liebe an, und darum, mein Jesus, stürzt die meine Dir entgegen, möchte den Abgrund, der sie anzieht, ausfüllen, aber ach! sie ist nicht einmal ein Tautropfen, der sich im Ozean verliert! . . . Um Dich zu lieben, wie Du mich liebst, muß ich mir Deine eigene Liebe ausleihen, dann erst finde ich Ruhe* (C 271).

Daraus lassen sich drei Schlußfolgerungen ziehen.
1. Unsere Liebe ist wesentlich dazu berufen, die größere Liebe Gottes über sich triumphieren zu lassen. Nach und nach muß daraus hervorgehen, daß Gott uns aus freien Stücken liebt, daß Er uns als erster liebt, uns mehr liebt, uns barmherzig liebt.

2. Der Mensch muß sich annehmen, wie er wirklich ist: was er ist, was er werden kann, nicht mehr und nicht weniger; seine gegenwärtige und unvermeidliche Unzulänglichkeit anerkennen. Die Demut ist für den Weg Thérèses ein grundlegendes Element.

3. Aus eigenen Kräften kann die Liebe niemals dahin gelangen, wohin sie gelangen will. Selbst wenn sie niemals fehlen würde, könnte sie Gott nie mit gleicher Münze die Liebe zurückzahlen. Wir werden immer Seine Schuldner sein. Daraus resultiert die Wichtigkeit der Hoffnung. Es bleibt uns nur zu beten: „Herr, laß in mir Deine eigene Liebe wachsen. Ergänze in mir, was an meiner Liebe zu Dir fehlt. Fülle meine leeren Hände, gib mir Dein eigenes Herz."

Dies ist der innere Vorgang, dem wir in den entscheidenden Momenten auf Thérèses Weg begegnet sind: bei der Entdeckung ihres „kleinen Weges" (1894), bei ihrem „Akt der Hingabe" (1895), im Manuskript B (1896). Wir beobachten diesen Vorgang in allen Bereichen ihres Lebens.

In ihren Gedichten hat Thérèse öfters ihre Hoffnung voller Bestimmtheit ausgedrückt.

Ach! gib mir, Dich zu lieben, tausend Herzen.
Aber, höchste Schönheit, Jesus, dies ist allzu wenig,
gib mir, Dich zu lieben, Dein eigen göttlich Herz. (Gedicht 24)

Und ein anderes Mal:
Nach Deiner Liebe, Jesus, ich verlange.
Sie möge mich verwandeln, Deine Liebe.
Leg Dein verzehrend´ Feuer in mein Herz,
so kann ich preisen Dich und lieben.
Ja, lieben kann ich Dich dann, wie man liebt,
und preisen Dich, wie man es tut im Himmel,
ich werd´ Dich lieben mit der Liebe selbst,
mit der Du mich liebst, Jesus, Ew´ges Wort. (Gedicht 41)

Die Liebe kann mit ihrer ganzen Glut zu Gott hinstreben,

doch „nur Gott läßt wachsen" (1 Kor 3,7)! Trotz aller nur erdenklichen Anstrengungen kann der Mensch bloß voll Vertrauen hoffen, daß Gott selbst es ihm gewähren wird, in ganzer Fülle Ihm ähnlich zu werden, an Seiner vollkommenen Liebe in der größtmöglichen Weise Anteil zu erhalten.

Aber es ist ihm erlaubt, zu hoffen!

„Wie wahr ist es, wir werden niemals genug lieben; aber der liebe Gott, der weiß, aus welchem Schlamm Er uns geformt hat, und der uns viel mehr liebt, als eine Mutter ihr Kind lieben kann, Er, der nicht lügen kann, hat uns gesagt, daß Er den, der zu Ihm kommt, nicht zurückstoßen wird." Dies schrieb Charles de Foucauld am letzten Tag seines Lebens an Mme de Bondy.

Von der Barmherzigkeit angezogen

Thérèse findet sich, klein und geprüft, wie sie ist, einer sehr beglückenden Erfahrung gegenüber: *O mein Jesus, vielleicht ist es eine Täuschung, aber mir scheint, es ist nicht möglich, daß Du eine Seele mit mehr Liebe erfüllst, als Du die meine erfüllt hast . . . Hier auf der Erde kann ich mir keine größere Unermeßlichkeit an Liebe vorstellen als jene, mit der es Dir gefallen hat, mich umsonst, ohne jegliches Verdienst meinerseits, so verschwenderisch zu beschenken* (C 271/272).

Sie hat das Bild der Ähre für einen sehr schönen Vergleich verwendet: *Diese Ähre ist das Gleichnis meiner Seele: der liebe Gott hat mich mit Gnaden beladen für mich selber und für viele andere* (IGL 143).

Und die Erfahrung erhellt auch ihren Blick auf Gott - den Blick, der so gut mit allem übereinstimmt, was Jesus uns geoffenbart hat - und lehrt sie, was Gott von ihr will: *Ich begreife, daß nicht alle Seelen einander gleichen können; es muß unter ihnen verschiedene Familien geben, damit jede der göttlichen*

Vollkommenheiten besonders verherrlicht wird. Mir hat Er Seine unendliche Barmherzigkeit gegeben, und durch sie hindurch betrachte ich und bete ich die übrigen göttlichen Vollkommenheiten an! . . . Dann erscheinen sie mir alle strahlend vor Liebe; selbst die Gerechtigkeit (und sie vielleicht noch mehr als jede andere) scheint mir mit Liebe bekleidet . . . Welch süße Freude ist es zu denken, daß Gott gerecht ist, das heißt, daß Er unserer Schwäche Rechnung trägt, daß Er um die Gebrechlichkeit unserer Natur genau weiß. Wovor sollte ich mich also fürchten? (A 185).

Von nun an strahlt auch die Heilige Schrift für sie diese Güte Gottes aus! Die Psalmen 23 (Der Herr ist mein Hirte) und 103 (Lobe den Herrn, meine Seele) scheinen die Lieblingspsalmen Thérèses gewesen zu sein. Um wieviel besser versteht sie jetzt, was sie zu Beginn ihres Ordenslebens geschrieben hat: *Jesus ist der König, der um die Hand des kleinen Dorfmädchens anhält* (Brief 109)!

Mit welcher Liebe verweilt sie bei dieser wohlwollenden höchsten Liebe Gottes, die Er uns in der Menschheit Jesu geschenkt hat: durch Sein Leben, Seinen Tod, Seine Auferstehung, Seine eucharistische Gegenwart . . .

Wie durchdrungen ist sie vom Geheimnis des Ostergeschehens: Jesus lebt, Er ist uns nahe, Er wird uns auferwecken! *Ich erkenne, und ich weiß aus Erfahrung, daß „das Reich Gottes in uns ist". Jesus bedarf keiner Bücher und Lehrer, um die Seelen zu unterweisen; Er, der Lehrer der Lehrer, unterrichtet ohne den Lärm von Worten . . . Nie hörte ich Ihn sprechen, aber ich fühle, daß Er in mir ist, jeden Augenblick, Er leitet mich und gibt mir ein, was ich sagen oder tun soll* (A 184/185). *Ich habe oft bemerkt, daß Jesus mir keine Vorräte geben will; Er nährt mich jeden Augenblick mit einer ganz neuen Nahrung; ich finde sie in mir vor, ohne zu wissen wie . . . Ich glaube ganz einfach, daß Jesus selbst im Grunde meines armen, kleinen Herzens verbor-*

gen ist und mir die Gnade erweist, in mir zu wirken, und daß Er mir alles eingibt, was ich nach Seinem Willen im gegenwärtigen Augenblick tun soll (A 167/168).

Mehr denn je verstehe ich, daß Er die Wünsche und die Erfüllung unserer Wünsche schenkt (Brief 201).

Thérèse macht sich zum Sprachrohr des heiligen Paulus: „Gott ist es, der in euch das Wollen und das Vollbringen bewirkt" (Phil 2,13). Das Wollen, diese Gabe Gottes, lebt schon seit langem in Thérèse. Das Vollbringen als Geschenk Gottes erwartet sie jeden Tag von Ihm.

Und wie soll sie es „vollbringen"? Ihr ganzes Programm findet sich in ihrem Lieblingsbuch, dem Evangelium. *Mein Weg ist ganz Vertrauen und Liebe, ich verstehe die Seelen nicht, die vor einem so liebevollen Freund Angst haben. Manchmal, wenn ich gewisse geistliche Abhandlungen lese, in denen die Vollkommenheit durch tausenderlei Erschwerungen hindurch und von einer Menge Illusionen umgeben beschrieben wird, ermüdet mein armer, kleiner Geist sehr schnell. Ich schließe das gelehrte Buch, das mir Kopfschmerzen verursacht und das Herz austrocknet, und greife zur Heiligen Schrift. Dann erscheint mir alles voll Licht. Ein einziges Wort erschließt meiner Seele unendliche Horizonte, die Vollkommenheit erscheint mir leicht, ich sehe, daß es genügt, sein Nichts zu erkennen und sich wie ein Kind Gott in die Arme zu werfen* (Brief 226).

Wenn Thérèse nämlich das Evangelium liest, wird sie gleich von der Barmherzigkeit Gottes angerührt, die uns in Jesus geoffenbart worden ist. *Ich brauche nur einen Blick in das heilige Evangelium zu werfen, und sogleich atme ich den Wohlgeruch des Lebens Jesu und weiß, nach welcher Seite ich laufen muß... Nicht zum ersten Platz, nein, zum letzten eile ich hin; statt mit dem Pharisäer vorzutreten, wiederhole ich voll Vertrauen das demütige Gebet des Zöllners; vor allem aber ahme ich das Verhalten Magdalenas nach: ihre erstaunliche oder vielmehr lie-*

bende Kühnheit, die das Herz Jesu entzückt, reißt das meinige hin. Ja, ich fühle es, hätte ich auch alle Sünden auf dem Gewissen, die man begehen kann, ich ginge hin, das Herz von Reue gebrochen, um mich in die Arme Jesu zu werfen, denn ich weiß, wie sehr Er das verlorene Kind liebt, das zu Ihm zurückkehrt (C 274/275).

Mehr als einmal zitiert sie das Wort Jesu: „Nicht die Gesunden brauchen den Arzt, sondern die Kranken... Ich bin gekommen, um die Sünder zu rufen, nicht die Gerechten" (Mt 9, 12-13). Ihr Rat an Céline klingt wie eine Wiedergabe der Erzählung vom verlorenen Schaf: *Fürchte nichts, je ärmer Du bist, desto mehr liebt Dich Jesus. Er wird weit gehen, sehr weit, um Dich zu suchen, wenn Du Dich manchmal ein wenig verirrst* (Brief 211).

Der Mensch ist für Gott ein Juwel!
Auf das, was Jesus in Célines Seele gewirkt hat, auf ihre Kleinheit, ihre Armut, ist Er stolzer als auf die Millionen Sonnen und die Weite des Himmels, die Er geschaffen hat! ... (Brief 227).

Jesus gleicht Seinem Vater, „Unserem" Vater, wie Er uns zu sprechen gelehrt hat, was Thérèse mit Glück erfüllt. Eines Tages kommt Céline zu Thérèse, die ganz gesammelt beim Nähen ist.

- Woran denken Sie?, fragt Céline.

- Ich meditiere über das Vater unser, erwidert Thérèse. Es ist so schön, den lieben Gott Vater zu nennen! ...

Und in ihren Augen schimmern Tränen (MST 95).

Drei Bilder

Drei Bilder können uns zeigen, wie Thérèse ihr Wachsen in der Heiligkeit erlebt hat.

Ein Flug in den Weltraum

Das erste Bild ist das eines Universums, das in Ausdehnung begriffen ist.

Wenn wir Gott mit den Sphären des Weltalls vergleichen, können wir sagen, daß es dem Menschen durch die Liebe (denn Gott ist Liebe) gestattet ist, in diese Sphäre einzudringen. Aber je mehr er liebt und je tiefer er in Gott eindringt, desto mehr scheint es ihm, daß Gottes Universum sich ausdehnt.

Tatsächlich wird in den Augen des Menschen, der Gott liebt, Gott immer liebenswerter. Je mehr er Gott besitzt, desto mehr ist er sich dessen bewußt, daß Gott für ihn noch nicht erfaßbar ist. Aus Gnade in das Leben Gottes hineingenommen, hat er Anteil an Gott und wünscht gleichzeitig, Gott mehr zu besitzen. So wird die Sphäre immer größer. Durch seine wachsende Liebe nähert sich der Mensch immer mehr der Mitte Gottes, er kommt immer tiefer, aber dadurch, daß sich das Universum immer mehr ausdehnt, entfernt sich die Tiefe Gottes in gewisser Weise noch rascher vom Menschen. Je schneller der Mensch voranschreitet, desto schneller weicht die Mitte Gottes zurück. Der Ausspruch des heiligen Augustinus bestätigt sich immer mehr: *Deus intimior intimo meo, altior summo meo*: „Gott ist mir gegenwärtiger, als ich es mir bin, aber Er ist auch höher als jede Höhe, die ich je in mir erreichen kann."

Jeder Vergleich hinkt. Auch unserer, denn Gott hat keine „Mitte". Wenn man die Liebe Gottes lebt, dann ist man in Gott, der unteilbar ist. Aber die Pointe bei unserem Vergleich liegt darin, daß mit dem Wachsen der Liebe, durch die Gott sich uns mitteilt, wir uns immer mehr dessen bewußt werden, daß Er noch mehr geliebt werden kann und auch mehr geliebt werden sollte. Die Liebe ist ein Perpetuum mobile, ständig in Bewegung, aber nie vollendet. Sie ist ein Exodus sine fine, ein Herausgehen aus sich selbst ohne Ende. Und soweit, wie uns diese größere Liebe entgleitet, wird uns die Heiligkeit als Ideal geschenkt.

Angesichts unseres Unvermögens, Gott auf dieser Erde würdig genug zu lieben, selbst wenn wir alle Gelegenheiten zu lieben ausschöpfen würden, bleibt uns mehr denn je nichts anderes übrig, als zu Gott zu beten, Er möge das Unmögliche möglich machen und sich selbst mit einem Schlag und in Seiner ganzen Fülle dem Menschen, der liebt, mitteilen. Obwohl dieser weiß, daß diese Fülle der Mitteilung erst im Himmel völlig unverhüllt möglich sein wird, kann er sich nicht enthalten, schon jetzt darum zu bitten. Wenn Gott ihn dann scheinbar erhört und ihn tiefer in sich hineinnimmt, was den Abstand zu verringern scheint, so wird das Drama der Sehnsucht nur umso größer.

Und so geht es unaufhörlich weiter: je mehr Thérèse liebt, desto mehr möchte sie lieben. Wenn das schon bei einer idealen menschlichen Liebe so ist, wie könnte es dann in einer idealen göttlichen Freundschaft anders sein? Mit einem Lächeln vergleicht Thérèse ihre Auffassung von Heiligkeit, als sie vierzehn Jahre alt war, mit der aus der Sicht der erwachsenen Christin: *Zu Beginn meines geistlichen Lebens, als ich etwa dreizehn bis vierzehn Jahre alt war, fragte ich mich, was ich wohl später dazuerwerben sollte, denn ich hielt es für unmöglich, die Vollkommenheit noch besser zu erfassen; aber ich erkannte recht bald, daß man, je mehr man auf diesem Wege fortschreitet, sich umso weiter vom Ziel entfernt glaubt; jetzt habe ich mich damit abgefunden, mich stets unvollkommen zu sehen, und ich finde hierin meine Freude . . .* (A 163/164).

Je näher sie also kommt, desto weiter wähnt sie sich vom Ziel! So wird sie auch niemals ein Maximum an Liebe erreichen. Ihre gegenwärtige Liebe kommt nicht an ihre Träume heran. Jedesmal muß ihre Liebe zur Hoffnung auf Gott werden.

Von Gipfel zu Gipfel

Das zweite Bild ist das eines gewundenen Bergpfades. Unsere eigenen Urlaubserfahrungen lehren uns, welchen Illusionen - und welcher Begeisterung - wir beim Aufstieg auf einen Berg erliegen können. Wir sehen einen Gipfel und denken: gleich sind wir oben. Kaum sind wir angekommen, sehen wir einen anderen, noch höheren Punkt. So schreiten wir von Höhe zu Höhe, bis wir schließlich den letzten Gipfel erreichen.

Dieses Bild kann man auf das Wachsen des Menschen auf Gott hin anwenden, mit dem Unterschied, daß es auf dem Marsch zu Gott keinen letzten Gipfel gibt. Die echte Liebe sieht vor sich immer wieder einen neuen Gipfel auftauchen. Gott ist immer „weiter". Gott zu lieben, „wie" Er uns liebt, entpuppt sich als ein Traum, eine niemals ganz eingeholte Realität, die auch nie erreicht werden kann, weil der Mensch nie Gott „werden" kann, er ist nur nach Seinem „Abbild" geschaffen (Gen 1,26), und das bedeutet Teilhabe und Ungleichheit, Einheit und Abstand. Wie großherzig die Liebe auch sein mag, so wird sie doch immer erkennen, daß sie nicht hoch genug gestiegen ist, und sie muß Gott bitten, daß Er vom höchsten Gipfel selbst „herabsteige" und sie zur Höhe emportrage.

Hier kommen wir zum Vergleich Thérèses vom kleinen Vogel und vom Adler. Vom Adler können wir „die Augen und das Herz haben", den Scharfblick und den Wahnsinn der Liebe, aber nicht die „Flügel" (B 203-205): angesichts dieser Ohnmacht muß der Adler selbst herabfliegen und den kleinen Vogel tragen. Thérèse spricht auch von den „Armen Jesu", die für uns der „Fahrstuhl" sind, der uns zum Gipfel bringt.

Selbst die heiligste Liebe genügt noch nicht, um Gott zu lieben, wie Er verdient, geliebt zu werden. Das ist genau die Erfahrung der Heiligkeit. Der Mensch muß auch seine wesenhafte Schwachheit annehmen und zu hoffen lernen, daß Gott seiner Ohnmacht abhilft, indem Er sich selbst schenkt.

Diese Hoffnung bedeutet kein Stehenbleiben, sondern Wachstum! Die Hoffnung, das ist die Liebe, die zu blühen beginnt. Nicht mehr zu hoffen, würde bedeuten, daß man sie erstickt. Der heilige Johannes vom Kreuz sagt, daß die Liebe um des Viel-Geliebten willen auf alles verzichten kann außer auf die Sehnsucht, zu wachsen und den Viel-Geliebten zu besitzen und immer mehr zu lieben.

Die von Liebe glühende Seele kann es wegen ihrer größeren Gleichförmigkeit mit dem Geliebten nicht unterlassen, den Sold und Lohn für die Liebe zu fordern; um dieses Lohnes willen dient sie ja dem Geliebten. Würde sie anders handeln, so besäße sie ja keine wahre Liebe; denn der Sold und Lohn der Liebe ist nichts anderes als ein höheres Maß an Liebe, und die Seele kann auch nichts anderes verlangen als dieses, bis sie zur vollkommenen Liebe gelangt. (. . .) Die Seele wartet nicht auf das Ende ihrer Mühe, sondern auf das Ende ihres Werkes; ihr Werk ist eben Lieben, und von dieser ihrer Liebe erwartet sie das Ende und den Abschluß, die Vollendung und Vollkommenheit in der Liebe zu Gott (Johannes vom Kreuz, Geistlicher Gesang, 9,7).

Die Hoffnung ist also kein Rückschritt von einer selbstlosen Schenkung zu einer Bitte um der eigenen Interessen willen. Ihr einziges Interesse ist es, selbstloser zu werden, um sich umso mehr verschenken zu können. Sie ist wie eine Pflanze, die aus der Erde der Liebe hervorsprießt und in sich die ganze Kraft dieser Erde der Liebe trägt. Von der Liebe, die sie hervorgebracht hat, ganz durchdrungen, ist sie der lebhafteste Ausdruck dieser Liebe, die sie zu einem möglichst hohen Grad emporbringen will. Daß diese Erfahrung bei Thérèse ganz Liebe ist, wird auch in ihrer Terminologie klar: sie nennt den, von dem sie alles erhofft, „Vater", und sie selbst handelt Ihm gegenüber „wie ein Kind".

Oft verwendet Thérèse die Worte Hoffnung, Vertrauen und Hingabe, ohne zwischen ihnen einen großen Unterschied zu machen. Meistens spricht sie, wenn sie Hoffnung meint, von „Vertrauen". Dieses Wort drückt eine größere Innigkeit aus und eine größere Gewißheit, erhört zu werden. Thérèse vertraut sich der Treue Gottes an, gründet sich auf Seine Liebe, verpfändet sich für die „Menschenliebe" (Tit 3,4) Gottes, wettet auf Seine Güte. Ihr Vertrauen ist bereits eine vorweggenommene Dankbarkeit und ein Lobgebet. Es beinhaltet auch die Aufmerksamkeit dem Nächsten gegenüber, den sie umso mehr lieben kann, je größer ihre Liebe wird. Das Vertrauen läßt Thérèse folgendermaßen beten: *Ich erhoffe Dich von Dir selber, um Deinetwillen und um aller Menschen willen.*

Ihr Vertrauen lebt sie nicht als eine absolute Sicherheit angesichts der Zukunft, mit all ihrem Leid und der Dunkelheit, das diese mit sich bringen kann. Gewiß vermittelt es ein „stolzes Bewußtsein" (Heb 3,6), das allerdings ständig bewahrt werden muß, da wir noch nicht die vollkommene Erhörung erhalten haben. Das Vertrauen darf sich von unseren Anfällen von Trägheit und Unschlüssigkeit nicht unterkriegen lassen, die uns die Hoffnung jedesmal als eine Utopie darstellen wollen. Denn oft genug besteht ja das Vertrauen gerade darin, „gegen alle Hoffnung zu hoffen" (Röm 4,18). Positiv gesehen ist es die Quelle für ein dynamisches Leben, das uns aus uns selbst herausgehen läßt, die Grenzen der Gegenwart sprengt und uns der Zukunft öffnet. Das Vertrauen verlangt die Loslösung vom „in sich geschlossenen Heute" und den Verzicht auf uns selbst. Durch das Vertrauen können wir der neue Mensch werden, der wir gerne sein wollen, der aber mit dem alten Menschen kämpft, der wir noch sind und den wir nicht gern aufgeben wollen.

Man hat Thérèse oft die „Heilige der Liebe" genannt. Vielleicht wäre es korrekter zu sagen: die Heilige der „Über-Liebe" - wenn es diesen Ausdruck gäbe -, das heißt der Hoffnung, die über eine - sicher großartige, aber dennoch begrenzte und vorläufige - Schenkung hinaus nach einer noch größeren, unendlichen, endgültigen Gabe strebt: diese Liebe, die allein Gott ihr schenken kann. Ihre Liebe weigert sich, das zu bleiben, was sie ist, und verlangt nach Gott, dem „noch nicht" ihres Wesens. Sie ist sich dessen bewußt, daß sie immer auf dem Weg ist, und überlegt, wie sie mehr „Liebe" werden könnte.

*

Das Vertrauen von Thérèse ist eine Synthese des ganzen theologalen Lebens: es entspringt dem Glauben an die Güte Gottes, fließt durch das Flußbett der Hoffnung und mündet in die Liebe, der sie sich immer inniger verbinden will. Der heilige Ambrosius sagt, daß es zwischen der Liebe und der Hoffnung einen *sacer circuitus*, einen heiligen Kreislauf, gibt. Die Liebe bringt die Hoffnung mit sich. Die Hoffnung läßt mehr lieben. Eine glühendere Liebe führt zu einer neuen Hoffnung. Eine neue Hoffnung ist zugleich Ausdruck der Liebe und die Bitte, von neuem von Gott her bereichert zu werden. So schreitet man sein ganzes Leben lang von der Liebe zur Hoffnung und von der Hoffnung zur Liebe, wobei man immer neue Gipfel erklimmt - bis zu dem Tag der Vereinigung mit Gott in der klaren Schau des Himmels, nach einem langen „kleinen Weg".

Gott erhört uns schon in der Hoffnung selbst. Wenn ich die Augen zu Ihm erhebe, dann verstärkt sich in mir bereits das Bewußtsein Seiner wunderbaren Güte, und ich lerne, mich besser Seiner Ebene und Seinen Forderungen anzugleichen, deren Ziel es ist, mich besser zu machen. Sein Geist ist es, der am Werk ist, wenn Er mich ermuntert und mir Seine Kraft schenkt. Vielleicht wird es Jahre brauchen, bis man so nach und nach erkennt, daß sich etwas geändert hat . . ., dieser stille Frieden, der uns geschenkt wird, der beinahe unermüdliche gute Wille, immer wieder neu zu beginnen, diese Freude, die wir darüber empfinden, daß Gott unser Vater ist, die Gewißheit, daß unsere Sünden und Fehler, wenn wir sie bekennen, nur ein Tropfen Wasser sind, der in das Becken der göttlichen Liebe fällt. Trotz seiner Armut - und gerade deswegen - ist der, welcher das Vertrauen nicht verliert, mehr „aus Gott". Und wenn nicht, dann wird er es zu Gottes Stunde sein . . . Es kann sein, daß Gott im Leben eines solchen Menschen ihm nach einer so langen Zeit der Hoffnung - wie bei Thérèse - „kleine Weihnachtsgnaden" gewährt.

Thérèse weiß allerdings, wie sehr sich das göttliche Leben unter der Oberfläche der Psyche und des Temperaments verbergen kann. Manche Menschen sind Gott viel näher, als ihre Unruhe und ihre Hemmungen es vermuten lassen.
Was in unseren Augen wie ein Versäumnis ausschaut, sagt Thérèse, *ist in den Augen Gottes oft Heldentum* (Heiligsprechungsprozeß 1755).

Und Céline erzählt:
Am Letzten Tag werden Sie erstaunt sein, wenn Ihre Schwestern - befreit von allen Unvollkommenheiten - Ihnen als große Heilige erscheinen werden (MST 122).

Hier werden diese „Kleinen" nicht gelobt und können sich wegen keiner Sache rühmen, aber in den Augen Gottes sind sie groß, denn in all ihrer Armut sind sie voller Hoffnung.
Liebe oder Hoffnung: was hat das letzte Wort? Zufällig enden alle drei Manuskripte Thérèses mit dem Wort „Liebe"; zumindest können wir daraus schließen, daß Thérèse von dieser Idee beseelt war! Aber denkt sie daran im Sinn von Vollendung und von Verwirklichung? Oder von einem Ideal, also von der Hoffnung? Auf Erden kann das letzte Wort nur Hoffnung heißen. Denn die wahre Liebe führt von ihrem Wesen her dazu, daß wir uns nach mehr sehnen. Die Hoffnung, das ist die sehnsuchtsvolle Liebe. Sie ist die Liebe, die vom Dach ihres Hauses aus die flehenden Hände zum Himmel emporstreckt. Durch die Hoffnung geht die Liebe über sich selbst hinaus und wächst. In diesem Sinn nennt Thérèse ihren Weg einen Weg des „liebenden Vertrauens" (Brief 261): „Vertrauen" ist das Substantiv, das den Kern darstellt, „Liebe" das Adjektiv, das ihm die Farbe verleiht. Wenn man Thérèse fragt, worin jetzt genau ihr kleiner Weg besteht, so antwortet sie: *Es ist der Weg des Vertrauens und der vollkommenen Hingabe* (IGL 273).
In einem gewissen Sinn könnte man sagen, daß die Hoffnung nur das vorletzte Wort auf dieser Erde ist. Das letzte Wort wird

uns von Jesus gesagt, wenn wir Ihm endgültig begegnen. Das allerletzte Wort auf Erden, die Antwort auf unsere Hoffnung, hat die Liebe, und sie ist auch das erste Wort, mit dem Gott uns im Himmel beschenken wird.

Die Brücke

Ein letztes Bild, das Thérèses Lehre erhellen kann, ist das von der Brücke.

Trotz all ihrer Liebe ist sich Thérèse dessen bewußt, daß sie noch nicht die Fülle der Liebe besitzt und daß sie sich vor einem „Abgrund" (C 271) befindet, den sie gerne ausfüllen möchte, um voll und ganz ihrem Viel-Geliebten entsprechen zu können.

Dieser Abgrund muß überwunden werden. Auf beiden Ufern stehen fest begründete Fundamente. Auf dem Ufer des Menschen, dieses begrenzten Wesens, ist der Pfeiler die Demut, die ihn seine Unvollkommenheit und Ohnmacht annehmen läßt. Auf dem Ufer des unendlichen Gottes ist der Pfeiler die Barmherzigkeit, an die der Mensch glaubt. Demut und Glaube an das göttliche Erbarmen sind die wesentlichen Bedingungen für die Hoffnung. Zwischen diese Pfeiler wird schließlich die Brücke des liebenden Vertrauens gespannt, die dem Menschen erlaubt, sich mit Gott zu verbinden. Oder genauer, Gott selbst ist es, der diese Brücke überquert, um dem Menschen zu begegnen, um ihn mit Seinen Gaben zu beschenken und ihn an das andere Ufer zu führen.

Könnte dieser Gott der Liebe nicht den Menschen erhören, der sich so sehnlich wünscht, mehr zu lieben? Thérèse erscheint dies möglich. Auf die Hoffnung läßt sich ja auch das anwenden, was sie bezüglich des Bittgebetes schreibt, das im Grunde die Sprache unserer Hoffnung ist.

Oh! das Gebet ist es, das Opfer, was meine ganze Stärke ausmacht, dies sind die unschlagbaren Waffen, die Jesus mir gegeben hat (C 253).

Wie groß ist doch die Macht des Gebetes! Man könnte es mit einer Königin vergleichen, die allzeit freien Zutritt beim König hat und alles erlangen kann, worum sie bittet (C 254).

Der Allmächtige gab den Heiligen als Stützpunkt: Gott selbst und Gott allein; als Hebel: das Gebet, das mit einem Liebesfeuer entflammt, und auf diese Art haben sie die Welt aus den Angeln gehoben (C 274).

Jesus selbst lehrt uns im Vater unser, unsere Hoffnung zum Ausdruck zu bringen, dieses Gebet kann also nicht wirkungslos sein. Thérèse unterstreicht, wie Jesus uns die Hoffnung als sinnvoll und begründet dargestellt hat: *Er lehrt uns mit erhabenen Gleichnissen, daß es genügt zu klopfen, damit aufgetan wird, zu suchen, um zu finden, und demütig die Hand hinzustrecken, um das zu erhalten, worum man bittet . . . Er sagt ferner, Sein Vater gewähre alles, worum man Ihn in Seinem Namen bittet* (C 273).

Thérèses Mitschwestern bezeugen, daß sie ihrer Hoffnung keine Grenzen setzte. *Wie könnte Gott sich also an Großherzigkeit übertreffen lassen können?*, schreibt sie (Brief 226).

Eure Sehnsüchte und eure Hoffnungen einzugrenzen, das hieße, die unendliche Güte Gottes nicht zu verstehen! Meine unendlichen Wünsche sind mein Reichtum, und für mich wird sich das Wort Jesu bewahrheiten: „Dem, der hat, wird hinzugegeben werden, und er wird in Überfülle haben" (Apostolischer Prozeß 46).

Oft wiederholte sie das Wort des heiligen Johannes vom Kreuz: „Man bekommt von Gott soviel, wie man von Ihm erhofft!"

Aber nichts zeigt uns so klar die verwandelnde Kraft des Vertrauens wie das Leben Thérèses selbst . . . Ihr „Fahrstuhl" funktioniert perfekt! Sie erfährt das Hereinbrechen der Erbarmenden Liebe in ihrem Leben! Ihre Treue wird sehr groß, und ihre geschwisterliche Liebe kennt keine Grenzen mehr.

In jeder nur möglichen Weise schärft sie ihren jungen Mitschwestern dieses Vertrauen ein. Sie spricht unter anderem von einem kleinen Kind, das nicht einmal auf die erste Stufe einer Treppe steigen kann, und sagt: *Seien Sie damit einverstanden, dieses kleine Kind zu sein. Indem Sie alle Tugenden üben, heben Sie immer Ihren kleinen Fuß, um die Treppe der Heiligkeit zu besteigen. Es wird Ihnen aber nicht einmal gelingen, auf die erste Stufe zu steigen, doch der liebe Gott verlangt von Ihnen nur den guten Willen. Bald wird Er - von Ihren fruchtlosen Anstrengungen bewegt - zu Ihnen herunterkommen und Sie auf Seine Arme nehmen und Sie so für immer in Sein Reich emportragen* (Apostolischer Prozeß 1403).

Marie de la Trinité, die gern ein wenig mehr Energie hätte, antwortet sie: *Und wenn der liebe Gott Sie schwach und unfähig haben möchte wie ein Kind . . . glauben Sie, daß Sie dann weniger Verdienste hätten? . . . Willigen Sie ein, bei jedem Schritt zu straucheln, ja sogar zu fallen, Ihr Kreuz in aller Schwachheit zu tragen, lieben Sie Ihre Ohnmacht, Ihre Seele wird daraus mehr Nutzen ziehen, als wenn Sie mit Hilfe der Gnade heldenhafte Taten schwungvoll vollbrächten, die Ihre Seele nur mit persönlicher Befriedigung und mit Stolz erfüllen würden* (Heiligsprechungsprozeß 2129).

Was sie selbst anbelangt, so hat sie folgenden Geistesblitz: *Ich bin eine sehr kleine Seele, die dem lieben Gott nur sehr kleine Dinge anbieten kann, und dabei kommt es noch häufig vor, daß ich mir diese kleinen Opfer entgehen lasse, die der Seele so viel Frieden bringen; das entmutigt mich nicht, ich ertrage es, etwas weniger Frieden zu haben, und bemühe mich, ein andermal wachsamer zu sein* (C 264).

Aber sie vergißt auch das Gleichnis von den Arbeitern der letzten Stunde nicht und gibt dazu folgenden Kommentar ab: *Sehen Sie, wenn wir all unsere kleinen Anstrengungen machen, dann wollen wir alles von der Barmherzigkeit des lieben Gottes erhoffen und nicht von unseren jämmerlichen Werken, und wir werden ebenso wie die größten Heiligen belohnt werden* (Apostolischer Prozeß 1043).

Werke oder Vertrauen?

Diese Frage kann in uns auftauchen: Hat Thérèse nicht zu sehr das Vertrauen auf Kosten der Werke betont? Geht sie nicht so weit, eine Mystik der Schwäche zu lehren?

Wir sehen uns vor dem ewigen Paradoxon eines Gottes, der vollkommene Treue verdient und der dennoch aus Liebe den Menschen, der seine Armut erkennt, in all seiner Unvollkommenheit angenommen hat. Auf dieses Paradoxon trifft man in der ganzen Frohen Botschaft von der Erlösung der Armen. Das gleichzeitige Bestehen unserer persönlichen Verantwortung und der alles übertreffenden und beglückenden Barmherzigkeit Gottes bleibt ein Geheimnis.

Selbst bei der Wortwahl ist dieses Paradoxon bei Thérèse gegenwärtig. Sie verwendet Ausdrücke wie: *Die Liebe wird nur mit der Liebe bezahlt*, oder auch, *die Liebe beweist sich durch die Werke* (B 204); andererseits sagt sie, daß *Jesus unsere Werke nicht braucht, sondern nur unsere Liebe* (B 193). *Mein Weg ist kein „Quietismus"*, sagt Thérèse, *keine passive Hingabe* (Apostolischer Prozeß 1358) - doch auf der anderen Seite möchte sie „mit leeren Händen" sterben und erkennt: *Hätte ich getrachtet, Verdienste zu sammeln, dann wäre ich jetzt, zu dieser Stunde, verzweifelt* (MST 69/70). Die Liebe ist ein „Sturzbach", der nichts auf seinem Wege stehen läßt (MST 74), aber wenn Gott ihre Werke der Liebe belohnen wird müssen, *dann wird Er sehr verlegen sein, denn ich habe keine Werke . . .* - also hoffen wir, daß Er mir *nach Seinen Werken vergelten wird . . .* (IGL 43).

Thérèse huldigt nicht dem Aktivismus, duldet aber auch keine Lauheit. In der Zeit, als sie ihren „Akt der Hingabe an die Erbarmende Liebe" verfaßt, schreibt sie: *Die Energie ist die notwendigste Tugend. Mit Energie kann man leicht den Gipfel der Vollkommenheit erreichen* (Brief 178).

Zum Thema ihrer „Weihnachtsgnade", die ihr als ein Geschenk des reinen Erbarmens erschien, fügt sie hinzu: *Viele Seelen sagen: „Aber ich habe nicht die Kraft, dieses Opfer zu bringen". Mögen sie doch tun, was ich getan habe - eine große Anstrengung machen!* (IGL 156).

Sie unterstreicht das Wort Jesu, wonach man nicht in das Himmelreich kommen kann, wenn man „Herr! Herr!" sagt, sondern wenn man „den Willen Gottes tut" (C 231), aber sie beharrt auch gern auf der Hauptrolle, die dabei der „gute Wille" spielt (A 96).

Das Paradoxon ist zumindest teilweise gelöst, wenn wir Thérèses Wertskala näher analysieren. Der echte, der wesentliche Wert einer Handlung besteht in der Liebe und nicht in ihrer äußeren Wichtigkeit. Die Liebe verleiht allem Größe; ohne Liebe ist die größte Tat in den Augen Gottes nur klein.

Ich begriff, schreibt Thérèse, *daß ohne die Liebe alle Werke ein Nichts sind, selbst die aufsehenerregendsten, wie die Auferweckung der Toten und die Bekehrung der Völker* (A 179/180).

Nicht der Wert, nicht einmal die offensichtliche Heiligkeit einer Handlung zählen, sondern nur die Liebe, die darin liegt (MST 77/78).

An schöne, heilige Dinge denken, Bücher verfassen, Biographien von Heiligen schreiben, das wiegt keinen Akt der Gottesliebe auf, kein Antworten auf den störenden Ruf der Infirmerieglocke (MST 116).

Hinzu kommt, daß diese Liebe vor allem auf der positiven Ausrichtung und Gesinnung des Herzens beruht, im Willen, etwas Gutes zu tun, selbst wenn die Tat nicht zu ihrer vollen Entfaltung kommen kann. Die Aktivität der Liebe fällt nicht unbedingt mit der vollständigen Ausführung einer Handlung zusammen. Auch wenn die Tat nicht zur Vollendung gelangt, so kann an ihrem Ausgangspunkt doch viel Liebe vorhanden gewesen sein. Recht oft heißt die Tat der Liebe dann nur ehrliches Bemühen, Versuch, guter Wille, der unermüdlich immer wieder von neuem beginnt: Zeuge für die Unzulänglichkeit, aber auch wirklicher Träger der Liebe und der Appell an die Barmherzigkeit Gottes.

Wenn Thérèse die „Werke" relativiert, so hat sie für gewöhnlich alles vor Augen, was groß und bemerkenswert, glänzend ist, alles was in die Augen sticht, was sie so gern mit dem Ausdruck „auffallend" (éclatant) bezeichnet. Sie hütet sich vor jeder großartigen körperlichen Abtötung und weist jeden Wunsch nach außerordentlichen mystischen Phänomenen von sich. Das paßt nicht zu den „kleinen Seelen", sagt sie, das ist für einen anderen als ihren „kleinen Weg" bestimmt. Sie zieht die Reinheit und die Uneigennützigkeit des Glaubens vor: *Es ist so schön, in der Nacht der Prüfungen dem lieben Gott zu dienen. Wir haben doch nur dieses eine Dasein, um aus dem Glauben zu leben! . . .* (MST 170).

Nun verstehen wir besser, warum Thérèse versucht, sich in ihrer Treue in der Liebe auf die zahlreichen, gewöhnlichen und alltäglichen kleinen Dinge zu konzentrieren, die im Leben eines jeden vorkommen, - ohne daß sie damit allerdings - und das ist ganz offensichtlich - den Weg des geringsten Widerstandes anpreisen will. Der Heroismus wird nicht abgeschafft, sondern in die gewohnte Situation jedes einzelnen übertragen. Der Sturzbach der Liebe wird hineingelenkt in das alltägliche Leben.

*

Als Thérèse im Manuskript B darlegt, wie sie alle Berufungen der Liebe verwirklichen will, erstellt sie eine Art Arbeitsplan: *Ja, mein Viel-Geliebter, auf diese Weise wird sich mein Leben verzehren . . . Ich habe kein anderes Mittel, um Dir meine*

Liebe zu beweisen, als Blumen zu streuen, das heißt, ich will mir kein einziges kleines Opfer entgehen lassen, keinen Blick, kein Wort, will die geringfügigsten Handlungen benutzen und sie aus Liebe tun... Aus Liebe will ich leiden und aus Liebe sogar mich freuen, und so werde ich Blumen vor Deinen Thron streuen; nicht eine will ich antreffen, ohne sie für Dich zu entblättern... Blumen streuend werde ich singen (wie könnte man auch bei einer so fröhlichen Beschäftigung weinen?); singen werde ich, auch wenn ich meine Blumen mitten aus Dornen pflücken muß, und mein Gesang wird umso wohlklingender sein, je länger und spitzer die Dornen sind (B 203).

Alle kleinen Dinge also! „Zarte Blütenblätter von keinerlei Wert" (B 203)! „Kleinigkeiten": ein kleines Opfer, ein Blick, ein Wort, ein Lächeln ... Aber welcher Hauch absoluter Treue durchweht diese Seiten: „alles" nützen, sich „keine" Gelegenheit entgehen lassen... Kein Leistungsstreben, allein die Liebe belebt ihre Radikalität: „für Dich", „aus Liebe" (dreimal!). Deshalb ist dies ein Programm voller Freude, eine Freude, die selbst im Leiden nicht vergeht! Aber es ist nur ein Programm, eine Richtung und eine Aufgabe, und Thérèse gesteht, daß sie nur ein „schwacher kleiner Vogel" ist, ein „unvollkommenes kleines Geschöpf", das sich von Zeit zu Zeit von „seiner einzigen Beschäftigung ablenken läßt" und um seine kleinen „Missetaten" und „Treulosigkeiten" (B 205/206) weiß. Ein Geschöpf aber, das immer wieder zurückkommt: mit diesem wunderbaren guten Willen! Im Vertrauen auf die wunderbare Barmherzigkeit Gottes!

Wie sehr hätte Thérèse folgendes Gleichnis von Rabindranath Tagore geliebt, das so gut den Reichtum der Liebe zeigt, der sich in einer ganz kleinen, unauffälligen Geste offenbaren kann.

Ich ging bettelnd von Tür zu Tür auf der Dorfstraße, als wie ein ferner Traum Deine goldene Kutsche auftauchte, und ganz erstaunt fragte ich mich, wer der König der Könige sein könnte.

Meine Erwartung steigerte sich, ich dachte, daß meine schweren Tage nun ein Ende hätten, und mit den Augen suchte ich einen Blick auf die Geschenke werfen zu können, die, ohne daß man um sie gebeten hatte, gegeben und die Reichtümer, die rings umher in den Staub gestreut würden.

Die Kutsche blieb bei mir stehen. Dein Blick ist auf mich gefallen, und Du bist mit einem Lächeln herabgestiegen. Das Glück meines Lebens war nun endlich gekommen.

Da hast Du plötzlich die rechte Hand gehoben und hast gesagt: „Was hast du mir zu geben?"

Ach, das war ein Scherz des Königs, wie Du Deine hilfreiche Rechte einem Bettler geöffnet hingehalten hast. Verwirrt und unschlüssig nahm ich langsam ein kleines, ein ganz kleines Weizenkorn aus meinem Beutel und gab es Dir.

Aber wie groß war meine Überraschung, als ich am Ende des Tages meinen Beutel auf den Boden leerte und unter all dem armseligen Zeug ein kleines, ein ganz kleines Weizenkorn aus Gold fand. Ich weinte bitter, und ich wünschte, ich hätte den Mut gehabt, Dir alles zu geben, was ich hatte (Rabindranath Tagore, Chants sacrés, „L´Offrande lyrique").

*

Werke oder Vertrauen? Thérèse bietet uns hier ein sehr schönes Gleichgewicht an. Wir lieben soviel, wie wir können, wir versuchen, es durch unsere Werke zu zeigen, aber da uns dies in unserem Unvermögen nicht so gelingt, wie wir möchten, vertrauen wir uns dem unendlich Barmherzigen an. Innerhalb des Bereiches, den unsere Liebe - Geschenk Gottes an unsere verantwortliche Freiheit - tatsächlich zu erreichen fähig ist, muß sie sich bemühen, diese in Taten umzusetzen. Wenn diese Gabe in uns wächst, muß sie erneut ihre Echtheit durch eine entsprechende Treue im Umfeld des konkreten Lebens zeigen. Ohne diese Treue zu dem, was der viel-geliebte Herr von uns fordert, wird das Vertrauen in seiner Spontaneität eingebremst.

Bei allem, was Thérèse bezüglich der Werke schreibt, ist sie sorgfältig darauf bedacht, alle Ehre der Barmherzigkeit Gottes zu erweisen. Aus diesem Grund relativiert sie ihren eigenen Beitrag. Einer ihrer Novizinnen erklärt Thérèse, daß ihr kleiner Weg nichts anderes ist, als das Alles und das Nichts des heiligen Johannes vom Kreuz: Auf dem Weg des Nichts kommt man zum Alles. *Hinaufklettern? Gott will, daß Sie hinuntersteigen! Etwas erreichen? Sagen Sie eher, verlieren!* (MST 38).

Sie hoffen ständig, etwas zu erreichen. Sie sind erstaunt, daß Sie fallen. Man muß immer darauf gefaßt sein, zu fallen (MST 43).

Man muß einwilligen, immer arm und kraftlos zu bleiben, und das ist schwer . . . (Brief 197).

Denn der Arme im Geist, wie Thérèse ihn sieht, befaßt sich nicht ängstlich mit dem Ergebnis seiner geistlichen Mühen. Er zählt nicht auf seinen Erfolg. Er will nicht alles sehen und alles verstehen. Er lebt aus dem Glauben und aus dem Vertrauen. Seine Liebe besteht darin, sich ganz auf Gott zu verlassen. Er fragt sich nicht voll Ungeduld, ob er bereits viele Fortschritte gemacht hat.

Thérèse will sogar auf all ihre Verdienste verzichten. Man könnte sagen, daß sie darin eine Gefahr sieht, selbstgenügsam zu werden, einen Titel zu erlangen, der einem gestattet, sich vor Gott zu rühmen. Alles, was den moralischen Anschein hat, nach Belohnung und Berechnung zu riechen, ist ihr völlig fremd geworden. Sie will ihre vollkommene Abhängigkeit von der reinen Barmherzigkeit Gottes durch nichts geschmälert sehen; und das ist es schließlich, was ihr das größte Verdienst einbringt! Sie lebt von der Hand Gottes und ist in ihrer Ganzhingabe offen für alles, was Er von ihr verlangt, und alles, was Er ihr schenken will, und sei es durch das Leiden hindurch. Ihre Hingabe ist ein vom Vertrauen getragener Akt: ein Zustand des sich Gebens in die Hände des Viel-Geliebten, auf den sie hofft und von dem sie die erbarmende Hilfe erwartet.

Letztendlich wird das, was bei Thérèse paradox ist, nicht aus der Welt geschafft. Dieses Paradoxon ist der Liebe Gottes und Thérèses eigen, da beide versuchen, dem anderen in allem den Vorrang zu lassen. Es gibt zwei Pole: sich bemühen zu handeln, als ob alles von dir abhinge (und du vermagst viel); und vor Gott eine Haltung einnehmen, als ob alles von Ihm abhinge (und schließlich kommt ja auch alles von Ihm). Thérèses Lehre ist eine Harmonie, die keinen der beiden Pole vernachlässigt, sondern sie in einer höheren Synthese miteinander vereint. Sein Bestes tun und Gott das übrige machen lassen . . . Gott tut Sein Bestes, mach du das übrige . . ..

Man muß alles tun, was man vermag, geben ohne zu zählen, sich ständig abtöten, mit einem Wort, durch alle guten Werke, deren man fähig ist, seine Liebe beweisen. Doch da in Wahrheit all dies nur geringfügig ist . . . ist es notwendig, daß wir - nachdem wir alles getan haben, was wir glaubten, tun zu müssen - bekennen, daß wir „unnütze Knechte" (Lk 17,10) sind, und daß wir dennoch hoffen, der liebe Gott werde uns aus Gnade schenken, was wir ersehnen (MST 62).

Thérèse will in keiner Weise mehr reich sein!

Auch wenn ich alle Werke des heiligen Paulus vollbracht hätte, würde ich mich immer noch als „unnützer Knecht" fühlen, aber gerade das macht meine Freude aus, denn wenn ich nichts habe, werde ich alles vom lieben Gott empfangen (IGL 71).

In dieser Spannung zwischen Aktivität und Hingabe neigt ihr Herz eindeutig zur Hingabe, darin liegt ihr Charisma und das Geheimnis der Ermutigung, die von ihrer Person ausgeht! Der allerletzte Satz ihrer Autobiographie - zufällig der letzte Satz, denn Thérèse konnte in ihrer Krankheit nicht mehr weiterschreiben - zeigt, wie ihr Vertrauen sich nicht mehr auf ihre eigene Tugend stützt, sondern auf die Güte Gottes: *Nicht deshalb, weil Gott in Seiner zuvorkommenden Barmherzigkeit meine Seele vor der Todsünde bewahrt hat, erhebe ich mich zu Ihm im Vertrauen und in der Liebe* (C 275).

Mit Nachdruck bittet Thérèse ihre Schwester Agnès, folgenden Gedanken hinzuzufügen: *Machen Sie es klar, daß mein Vertrauen genauso groß wäre, wenn ich auch alle nur möglichen Verbrechen begangen hätte. Ich fühle es, diese Masse von Sünden wäre wie ein Wassertropfen, den man auf glühende Kohlen fallen läßt* (IGL 95).

Man hat Thérèse eine Definition von Heiligkeit zugeschrieben, die sehr bekannt ist. Aller Wahrscheinlichkeit nach hat Agnès sie in den Mund der jungen Heiligen gelegt, aber sie ist dennoch von ihrem Gehalt her ganz theresianisch: *Die Heiligkeit liegt nicht in dieser oder jener Übung, sie besteht in einer Verfassung des Herzens, die uns demütig und klein in den Armen Gottes macht, im Bewußtsein unserer Schwachheiten und mit einem kühnen Vertrauen in Seine Vatergüte* (Letzte Worte).

Der Weg Thérèses hat eine bemerkenswerte Entwicklung erfahren. Um es mit einem Bild zu sagen: zunächst versuchte ihre Hand, etwas zu ergreifen, an sich zu nehmen, es mit den Fingern umklammert zu halten, mit der Handfläche nach unten. Nach und nach vollzog sich die Umkehr. Die Finger entspannen sich und lassen los, die Hand dreht sich, bis die Handfläche nach oben weist, bereit hinzugeben und - umgekehrt - auch viel zu empfangen. Dafür brauchte es fast ein ganzes Leben. Es geschah nicht im Handumdrehen!

Im Herzen des Christentums

Die junge Karmelitin hat in ihren Schriften sehr tiefe theologische Einsichten über die Beziehung zwischen Gott und dem Menschen zum Ausdruck gebracht. Sie hat sie nicht beim Studium gewonnen, sondern sie ganz persönlich entdeckt, während ihres langen inneren Wachstums, im Licht des Geistes Gottes, dem sie sich mit einem außerordentlich feinen Gespür hingegeben hat.

Beinahe unbewußt hat sie, weil sie aus einer klaren Erkenntnis heraus und als in die Gemeinschaft der Kirche Berufene lebte, das Herz der christlichen Botschaft und das zentrale Problem der Theologie des hl. Paulus getroffen.

In seinen Briefen an die Galater und an die Römer zeigt Paulus, wie die Pharisäer, die eine wichtige Gruppe im Judentum darstellten, unfähig sind, sich durch das Gesetz Mose zu heiligen. Das Gesetz bietet ihnen ein so forderndes und so kompliziertes ethisches Programm an, daß es ihnen unmöglich ist, es mit ihren eigenen Kräften zu verwirklichen. Dies ist das Drama des Pharisäers: er findet sich einer hohen Aufgabe gegenüber, hat aber nicht die innere Kraft, sie zu erfüllen. Das Gesetz überläßt ihn einfach seinen eigenen Kräften, um sich selbst in der Treue vor dem Allheiligen Gott zu verwirklichen. In seiner Eigenschaft als Gesetz führt es ihn zu einer legalistischen Haltung, die durch die Leistung des Willens und eine mustergültige Treue gezwungen ist, sich selbst einen Heiligenschein der Gerechtigkeit zu verpassen, was allerdings nur eine Selbstrechtfertigung und Selbstverherrlichung ist.

Dies ist - und Paulus unterstreicht es mit polemischer Vehemenz - der religiösen Haltung des Christen, der eingeladen ist, seine Erlösung und seine Treue von einem Anderen zu erwarten, von Grund auf entgegengesetzt. Der Pharisäer baut im Gegensatz dazu auf sich selbst, er muß sich selbst genügen, um heilig zu werden. Die Heiligkeit ist sein eigenes Werk. Er will sie durch seine eigenen Taten erlangen. Was ihn charakterisiert, ist die Suche nach Werken, in welchen man sich selbst genügt, was aber dem Christentum nicht entsprechen kann, da die christliche Liebe nur eine Antwort sein kann, eine Reaktion auf eine Tat, die Gott als Erster gesetzt hat und die durch die Gnade das menschliche Tun durchdringt. Tatsächlich machen das Geschenk Christi und das Geschenk Seines Geistes klar, wie sehr unsere Liebe vor allem in der liebenden Annahme und der gläubigen Hingabe besteht. In Christus hat sich, was unsere Beziehung zu Gott anbelangt, eine radikale Revolution vollzogen. Von nun an arbeitet Gott durch die menschliche Mittlerschaft Christi - des Weges, der Wahrheit und des Lebens - und des Heiligen Geistes, der uns in Überfülle geschenkt wird, wenn wir uns Ihm öffnen.

Paulus hat ganz tief begriffen und ganz fest angenommen, daß Christus gekommen ist, um das Gesetz als ein geschlossenes System der Selbstheiligung zu entlarven, und daß Er das Gesetz durch die Überfülle der Gnade vollendet hat, als Er die Ohnmacht des Gesetzes ans Kreuz genagelt hat, wie der heilige Paulus sagt. Zur radikalen Rückkehr zur Liebe als dem ersten und größten Gebot (was bei einem Gutteil des Volkes Israel in Vergessenheit geraten war) schenkt uns Jesus vor allem Seinen eigenen Geist in Überfülle, der uns die innere Fähigkeit verleiht, das neue Gesetz zu leben. Der Lebenshauch, durch den der Geist uns Seinen Antrieb gibt, heißt Gnade.

Die Gnade ist es, die uns heilig macht - und nicht mehr wir selbst, die das Gesetz mit unseren eigenen Kräften beachten müssen. Der Geist durchdringt unser Leben mit der Liebe, weil Er in unsere Herzen ausgegossen worden ist. Er drängt uns, uns dem Abba-Vater in Liebe zu nähern. Die Liebe Christi folgt uns nach - so lehrt es uns der heilige Paulus -, sie ist unendlich treu, und nichts kann uns von ihr trennen. Durch die Taufe erhalten wir Anteil an dieser erlösenden Gnade des Geistes Christi.

Die Gnade ist eine Initiative, die Gott setzt, und sie ist das Verdienst des Todes und der Auferstehung Jesu: durch die „pistis", den Glauben, öffnen wir uns ihr. Christus, die Gnade, der Glaube: dies ist die neue Achse, um die sich unsere christliche Heiligkeit dreht. Wir erlösen uns nicht selbst, Christus erlöst uns. Der Mensch ist schwach, aber in ihm offenbart sich die

Gnade Gottes. In dieser Macht der Heiligkeit Christi kann der Mensch sich sogar seiner Schwachheit „rühmen". In Gott ist er stark in dem Moment, wo er seine Schwachheit erkennt. Denn dann befindet er sich in einer sehr günstigen Verfassung, um sich von sich selbst abzuwenden und für Gott zu öffnen.

*

In gewissem Sinn mußte Thérèse sich ebenfalls mühsam ihren Weg durch dieses paulinische Problem hindurch bahnen. Ganz wie Paulus mußte sie durch den Mißerfolg zum Sieg kommen, durch das Scheitern der Selbstheiligung. Das erste Zusammentreffen von Paulus mit dem auferstandenen Christus machte auf sie einen unauslöschlichen Eindruck. Als Paulus, der „im Judentum die meisten seines Alters und seines Volkes an übergroßem Eifer für die Überlieferungen seiner Väter übertraf" (Gal 1,14), auf dem Weg nach Damaskus aus dem Sattel geworfen wird und zu Boden fällt, ist dies der Schock seines Lebens; noch mehr wird er aber im übertragenen Sinn des Wortes aus dem Sattel geworfen. Als er im Straßenstaub liegt, ist er sich dessen bewußt, daß er auch in moralischer Hinsicht auf der Erde liegt: „Weder ich noch das Gesetz hatten recht, sondern dieser Jesus, den ich verfolge . . ." Es ist zugleich eine Nacht und doch auch ein Licht, ein Fiasko und eine Offenbarung, eine Krise und auch schon die Aussicht auf die Erlösung. Sein Fall ist der Anfang für eine fortschreitende Umkehr, in seinen Gedanken und seinen Empfindungen.

Auch Thérèse hat eine so tiefgreifende Wende erlebt. Eine erste Bekehrung ließ sie von einer idealen Heiligkeit träumen: „Die Liebe ohne jede andere Grenze als Dich . . ." Aber ihr Perfektionismus wird nach und nach zu einer Frage, die sie quält. Denn ständig vertiefen sich in ihr die Erfahrung ihrer Unzulänglichkeit und die Erkenntnis eines Gottes, der alles übersteigt. Das Ideal überholt sie immer mehr. Sie befindet sich unerbittlich vor einem Dilemma, dessen Lösung in beiden Fällen nur in der Kapitulation liegt. Entweder sagt sie sich: „Mein Traum von der unendlichen Liebe war eine Jugendillusion, die sich angesichts der Realität verflüchtigt; ich verzichte also auf mein Ideal, gebe mich mit weniger zufrieden, mäßige meine Wünsche . . ." Oder sie sagt sich: „Ich gebe mich Gott noch mehr hin, ich wage den Sprung blinden Vertrauens in Seine Stärke, die in mir wirken wird . . ."

Daß Thérèse sich für die zweite Möglichkeit entschieden hat, ist ein gutes Zeichen dafür, daß der Heilige Geist sie lenkt. Ihre zweite Bekehrung - die tiefere - führt sie von ihrer persönlichen Aktivität zu einem vollkommenen und beständigen Vertrauen auf Gott. In völlig richtiger Einschätzung der Lage legt sie das Werk ihrer Heiligung in die Hände von Jesus, dem Verwalter des Heiles, der selbst ihre Bemühungen vollenden und sie in der Bank Seiner barmherzigen Liebe anlegen wird. Jesus kommt mit vollen Händen zu Thérèse, die leere Hände hat. Es hat Jahre gebraucht, bis Thérèse klar gesehen hat - nicht theoretisch, sondern in der Praxis -, daß man den Viel-Geliebten nicht erobern kann, sondern daß Er selbst sich schenken will. Er ist der Erlöser und der Retter, Er ist keine Festung, die man einnehmen muß, und auch kein Lohn, den es zu gewinnen gilt.

Vielleicht muß man zuerst verzweifelt sein, um die Hoffnung zu entdecken. Die wahre Hoffnung liegt jenseits des Traumes. Dann kann sich das Herz auf eine neue Weise öffnen - in einer großen, aktiven und beständigen Erwartung des Herrn des Lebens und der Heiligkeit.

Die Heiligkeit ist viel eher die Frucht der Empfänglichkeit und der Hingabe als des Strebens und des Eifers. Oder genauer: der Eifer und die Anstrengung sind eine unverzichtbare Bedingung, aber nicht mehr. Das Wesentliche ist Geschenk. In der christlichen Tradition heißt es Gnade (Han Fortmann, Oosterse Renaissance).

Hier trifft Thérèse auf das Herz des Evangeliums. Ihre „geistige Kindschaft" (anzumerken ist, daß sie selbst diesen Ausdruck nie gebraucht hat) besteht darin, in aller Freiheit und von Grund auf „in einem Geist der Kindschaft zu leben, der uns rufen läßt: Abba, Vater" (Röm 8,15). Ihre Hingabe an die Barmherzigkeit beruht darauf, der Logik der „Liebe Gottes, die in Jesus Christus offenbar geworden ist und von der nichts uns scheiden kann" (Röm 8,39), voll und ganz jedes Recht einzuräumen. Ihr „Vertrauen" ist die Seele der „pistis" (Glaube) des Paulus: die liebende Hingabe an die erlösende Gnade Gottes.

Thérèse liebte auch den Römerbrief sehr, sie zitiert ihn etwa zehn Mal. In ihrem Brevier fand sich folgende Stelle, die eine Anlehnung an Röm 4,4-6 und 3,24 ist: „Selig jene, die Gott ohne Werke für gerecht erachtet, denn für jene, die Werke tun, ist der Lohn nicht so sehr Gnade als eine geschuldete Sache ... Jene also, die keine Werke tun, sind aus freien Stücken durch die Gnade, die ihnen durch die Erlöserkraft Christi zuteil wurde, gerechtfertigt." Nun weiß sie es, voller Freude: Jesus selbst will unser Retter sein, Er macht sich daraus eine Ehre!

Mehr als einmal ist die ökumenische Bedeutung der Lehre Thérèses hervorgehoben worden. Dieses bis in die Fingerspitzen katholische Mädchen, das sich in vollem Gehorsam der Autorität der Kirche beugte und durch seinen Stil und seine Gewohnheiten ganz im katholischen Leben seiner Zeit aufging, ist in bezug auf die Grundlage und die Gestaltung ihres Lebens dem, was der Protestantismus als für das Erbe der christlichen Lehre über die Erlösung als gültig erachtet, viel näher, als manche es anzunehmen wagen.

Siebtes Kapitel

EUER LEBEN IN DEM MEINEN

In den letzten Lebensjahren Thérèses kann man sehen, wie sie sich ganz konkret immer mehr der Kraft Gottes öffnet, die in ihr am Werk ist - in den weiten Bereichen des Kontaktes mit ihrem Nächsten, des Apostolates und des Gebetes.

Die geheimnisvolle Tiefe der geschwisterlichen Liebe

Je mehr Thérèse das echte Antlitz Gottes entdeckt, desto besser erkennt sie das wahre Gesicht des Nächsten. Typisch! Genau 1897, in ihrem letzten Lebensjahr, am Höhepunkt ihrer Liebe zu Gott, empfängt sie *die Gnade, zu verstehen, was Nächstenliebe bedeutet* (C 231).

Wie es scheint, hat sie es auch vorher gut verstanden und in ihrer Gemeinschaft exemplarisch gelebt! Das gibt sie auch gerne zu: *Vorher habe ich sie verstanden, das ist wahr, aber in unvollkommener Weise.*

Worin besteht also die Veränderung? Nun ist Thérèse vor allem von den Worten Jesu ergriffen: „Das zweite Gebot ist dem ersten gleich", und „liebt einander, so wie ich euch geliebt habe" (Mt 22,39 und Joh 15,12).

So wie . . . immer wieder taucht der Wunsch auf, Jesus in Seiner Liebe ähnlich zu sein . . . Thérèse erklärt, daß sie aus sich selbst nie ein solches Maß an Liebe zustande bringen könnte. Aber seit sie ihren kleinen Weg entdeckt hat, sind die Grenzen der Unmöglichkeit durchbrochen. Sie läßt folglich Jesus in sich handeln: „Ich bin dazu nicht fähig, wirke Du es also selbst in mir, ich verlasse mich ganz auf Dich . . ."

Das ist die große Offenbarung dieses Jahres: Jesus selbst liebt den Nächsten in mir!

Oh! Herr, ich weiß, daß Du nichts Unmögliches befiehlst, Du kennst meine Schwachheit und meine Unvollkommenheit besser als ich, Du weißt, daß ich meine Schwestern niemals so lieben könnte, wie Du sie liebst, wenn nicht Du selbst, o mein Jesus, sie auch noch in mir liebtest. Weil Du bereit warst, mir diese Gnade zu gewähren, hast Du ein neues Gebot erlassen. - Oh! Wie liebe ich es, da es mir die Zuversicht schenkt, daß es Dein Wille ist, in mir alle zu lieben, die Du mir zu lieben befiehlst! . . . Ja, ich fühle es, wenn ich Liebe erweise, so handelt einzig Jesus in mir; je mehr ich mit Ihm vereint bin, desto inniger liebe ich alle meine Schwestern (C 232/233).

Thérèse ist bis zu den „geheimnisvollen Tiefen" der Liebe (C 243) vorgedrungen! Thérèse und Jesus, der den Nächsten in ihr liebt, sind eins! Jesus ist in ihr die Seele, die sie nach außen hin zum Ausdruck bringt!

Nicht nur Thérèse und Jesus, sondern in gleicher Weise Jesus und der Nächste sind eins. Früher war ihre Nächstenliebe ein kleiner Schemel, um besser an die Gottesliebe heranzukommen: *Ich bemühte mich vor allem, Gott zu lieben* (C 231). Nun ist der Mensch nicht mehr nur eine Zwischenstufe, sondern der Spiegel des Herrn. Jede Distanz zum Nächsten ist verschwunden: sie sieht „Jesus verborgen am Grund der Seele" des Nächsten (C 236). Die Liebe von Jesus-in-ihrem-Herzen zu Jesus-im-Herzen-des-Nächsten strömt von einem zum andern, eine Liebe, die Thérèse und zugleich auch ihren Nächsten weit und stark macht, eine Liebe, die von Gott kommt und zu Gott geht.

*

Im Manuskript C ihrer Autobiographie befindet sich eine richtige kleine Abhandlung über die geschwisterliche Liebe, scharfsinnig und realistisch und voll Humor und Weisheit geschrieben. Worin besteht nun für Thérèse der Gipfel der Nächstenliebe, der „vollkommenen" geschwisterlichen Liebe?

Die vollkommene Liebe besteht darin, die Fehler der anderen zu ertragen, sich nicht über ihre Schwächen zu wundern, sich an den kleinsten Tugendakten zu erbauen, die man sie vollbringen sieht (C 232).

Es gibt nichts Positiveres und nichts Authentischeres!
Die kleine Schwester Thérèse, die sich so sehr dem Wirken des großen Gottes in ihr überlassen hat, ist entschlossen, „auf ihre geringsten Rechte zu verzichten"! Sie betrachtet sich als „die Magd, die Sklavin der anderen" (C 240). In ihrer Gemeinschaft verzehrt sie sich außerhalb der durch die Tagesordnung festgelegten Zeiten des Stillschweigens, des Gebetes und der Einsamkeit im Dienst an ihrem Nächsten. Sich zu verlieren gewährleistet ihr den größten Fortschritt in der Liebe: denn *die Liebe nährt sich von Opfern, je mehr sich die Seele jede natürliche Befriedigung versagt, umso stärker und uneigennütziger wird ihre Zärtlichkeit* (C 248/249).

Denn die wahre Liebe findet sogleich den ihr angemessenen Ausdruck:
Manchmal ist man infolge der übernommenen Aufträge gezwungen, einen Dienst zu verweigern, aber wenn die Liebe in der Seele tiefe Wurzeln geschlagen hat, so tritt sie nach außen in Erscheinung. Es gibt eine so anmutige Art abzuschlagen, was man nicht geben kann, daß die Weigerung ebensolche Freude bereitet wie die Gabe (C 242).

Sie versucht also, aus ihrem Leben und dem der anderen ein langes Fest zu machen! Mit ganz kleinen Mitteln . . . Durch ihr Mienenspiel, das Spiel ihrer Hände, ihrer Worte, ihrer Gedanken . . . *Ich will zu jedem freundlich sein (und ganz besonders zu den unfreundlichsten Schwestern), um Jesus zu erfreuen und um den Rat zu befolgen, den Er gegeben hat* . . . *„Wenn ihr ein Gastmahl gebt, so ladet die Armen ein"* (Lk 14,12-13) . . . *Welches Festmahl könnte denn eine Karmelitin ihren Mitschwestern* *bieten, wenn nicht ein geistliches, aus freundlicher und fröhlicher Liebe?* (C 260).

Thérèse ist schon schwer krank, als sie diese Zeilen schreibt. Aber wohin sie kommt, da geht die Sonne auf! Am 8. Juli 1897 geht sie endgültig in die Krankenwärterei hinunter. Man bereitet das Nötige für die Krankensalbung vor, die damals Zeichen für den nahe bevorstehenden Tod war . . . Im Kloster ist die Stimmung traurig. Ihre Schwester Agnès notiert am 9. Juli, vielleicht am selben Tag, als Thérèse die letzten Worte ihrer Autobiographie schreibt, folgendes:

Man hatte in ihrer Krankenzelle eine Maus gefangen. Sie machte eine ganze Geschichte für uns daraus, bat uns, ihr die verletzte Maus zu bringen, sie würde sie neben sich ins Bett legen und vom Doktor abhorchen lassen. Wir lachten herzlich, und sie freute sich, daß sie uns zerstreut hatte (IGL 90).

Thérèse war in ihrer Gemeinschaft von jeher sehr beliebt. Das geht aus dem hervor, was sie nicht ohne einen Schimmer von Diplomatie an Marie de Gonzague schreibt:

Hier lebe ich unbelastet von aller Sorge um die Dinge dieser armseligen Welt; ich brauche nur die angenehme und leichte Aufgabe zu erfüllen, die Sie mir anvertraut haben. Hier wird mir Ihre mütterliche Fürsorge im Übermaß zuteil, ich fühle die Armut nicht, denn nie hat mir etwas gefehlt. Vor allem aber werde ich hier geliebt, von Ihnen und von allen Schwestern, und diese Zuneigung tut mir sehr wohl. Darum träume ich von einem Kloster, wo ich unbekannt wäre, wo ich Armut, Mangel an Zuneigung, kurz die Verbannung des Herzens erleiden müßte (C 227/228).

Die Seele des Apostolats

Auch in ihrem Apostolat sucht Thérèse direkt beim Herrn ihre Inspiration, die Kraft und den lebendigen Atem des Heiligen Geistes, der die Saat zum Sprießen bringt.

Denn Thérèse hat ein Apostolat ausgeübt! Dazu muß man nicht durchs Land ziehen. Diese Karmelitin, die Pius XI. zur Patronin der Weltmission ernannt hat und die damit denselben Titel wie Franz Xaver trägt, ist auch die nicht ernannte Patronin des Apostolates in deinem Heim, dem begrenzten Ort, wo du wohnst, deiner alltäglichen Umgebung.

Für dich heißt diese Umgebung wahrscheinlich Zuhause, Familie, deine Nachbarn, deine Kollegen. Für Thérèse waren das ihre fünfundzwanzig Schwestern, die kleine Gruppe ihrer Briefpartner, die Mitglieder ihrer Familie und die Freunde, die manchmal zu ihr ins Sprechzimmer kamen, der Seelsorger, bei dem sie beichten ging, und der Arzt, der sie in der Krankenwärterei besuchte. Ihre Liebe zu Jesus und ihr Eifer für das Reich des Vaters lassen sie die verschiedenen Gesichter ihres Apostolates erkennen: ihr Glaubenszeugnis, eine frohe Güte, aufmerksames Zuhören, das richtige Wort im rechten Augenblick, ein aufmunternder Rat in einem Brief...

In ihrem eigenen Konvent konnte Thérèse bei ihren fünf Novizinnen, die sie geistlich begleitete - so etwas geschieht ja nicht von selbst -, eine sehr schöne Aufgabe erfüllen ... *Ich habe gleich gesehen, daß diese Aufgabe über meine Kräfte ging ...*

Als sie sich aber der zentralen Idee ihres kleinen Weges überlassen hatte, wurde die Aufgabe sehr einfach. *So sagte ich: Herr, ich bin zu klein, um Deine Kinder zu nähren; willst Du ihnen durch mich austeilen, was jede braucht, so fülle meine kleine Hand, und ohne Deine Arme zu verlassen, ohne den Kopf zu wenden, werde ich Deine Schätze der Seele geben, die mich um Nahrung bitten wird... Seitdem ich begriffen habe, daß ich aus mir selbst nichts wirken kann, scheint mir die Aufgabe, die Du mir übertragen hast, nicht mehr schwierig, ich fühle, daß nur eins nottut: mich mehr und mehr mit Jesus zu vereinen, und daß das übrige mir dazugegeben werden wird. In der Tat ist meine Hoffnung nie enttäuscht worden; der liebe Gott war so gütig, meine kleine Hand zu füllen, sooft es nötig war, um die Seele meiner Schwestern zu nähren* (C 249/250).

Es versteht sich von selbst, daß Thérèse all ihre Talente dem Herrn zur Verfügung stellte und Ihn gleichzeitig bat, diese immer mehr zu vervollkommen. Und welchen Respekt hatte sie vor der Person jeder einzelnen Mitschwester!

Hätte ich mich auch nur im geringsten auf meine eigenen Kräfte verlassen, hätte ich Ihnen sehr bald die Waffen zurückgegeben . . . Von weitem erscheint es ganz rosig, den Seelen Gutes zu tun, sie in der Gottesliebe zu fördern, kurz, sie nach seinen persönlichen Ansichten und Gedanken zu formen. Aus der Nähe ist es ganz das Gegenteil, die Rosafarbe ist verschwunden . . . man spürt, daß es ohne die Hilfe des lieben Gottes ebenso unmöglich ist, Gutes zu wirken, wie die Sonne bei Nacht scheinen zu lassen . . . Man fühlt, daß man seine Neigungen, seine persönlichen Meinungen völlig vergessen und die Seelen auf dem Weg führen muß, den Jesus ihnen vorgezeichnet hat, ohne zu versuchen, sie auf dem eigenen Weg voranführen zu wollen (C 250).

Ihre Erfahrung lehrt sie: Die Menschen *sind so verschieden, daß ich ohne Mühe verstehe, was Pater Pichon sagte: „Die Verschiedenheit der Seelen ist noch viel größer als die der Gesichter"* (C 251).

Und sie sagt auch: *. . .daß es Seelen gibt, auf die zu warten die Barmherzigkeit Gottes nicht müde wird, denen Er Sein Licht nur allmählich vermittelt* (C 247). Sie hütet sich also gut davor, der Stunde des Herrn vorzugreifen.

Sie ist mit Euch ganz eins

Für Thérèse ist also eine tiefe Vereinigung mit Jesus Christus die unumgängliche Bedingung, um ein glühender Apostel zu sein. Nachdem sie den anderen in ihrem Apostolat begegnet ist, trägt sie sie auch noch im Gebet vor den Herrn. Legt sie Ihm all die Bedürfnisse der Menschen vor? Sie kennt sie so gut ... Und sie hegt für jeden von ihnen so große Wünsche, für die Missionare, für die gesamte Kirche ... Welche Lösung gibt es dafür?

Eines Morgens erhellt das Licht ihres kleinen Weges auch dieses Problem: Jesus selbst denkt an all diese Bedürfnisse, Thérèse braucht sich Ihm nur ganz zu überlassen! Das erklärt sie uns folgendermaßen:

Einfache Seelen bedürfen keiner umständlichen Mittel; da ich zu diesen zähle, gab mir Jesus eines Morgens bei der Danksagung ein einfaches Mittel, meine Sendung zu erfüllen. Er ließ mich das Wort des Hohenliedes verstehen: „Zieh mich her hinter Dir, laß uns eilen zum Duft Deiner Wohlgerüche." O Jesus, es ist also nicht einmal nötig zu sagen: „Indem Du mich an Dich ziehst, ziehe auch die Seelen, die ich liebe, an Dich!" Dieses schlichte Wort: „Ziehe mich an Dich!" genügt. Herr, ich begreife es, wenn eine Seele sich vom berauschenden Duft Deines Wohlgeruches fesseln läßt, dann kann sie nicht einsam eilen; alle Seelen, die sie liebt, zieht sie hinter sich her; dies geschieht ohne Zwang, ohne Anstrengung, es ist eine natürliche Folge ihres Hingezogenseins zu Dir. So wie ein Sturzbach, der sich mit Ungestüm in den Ozean wirft, alles mit sich schwemmt, was ihm unterwegs begegnet, so, mein Jesus, zieht die Seele, die in den uferlosen Ozean Deiner Liebe eintaucht, alle Schätze mit sich, die sie besitzt (C 270).

Oh, Thérèse ist während der langen Gebetsstunden recht oft zerstreut und schläfrig, obwohl sie leidenschaftlich dagegen ankämpft. Aber voll Glauben und Vertrauen bittet sie dann Jesus, der sie so liebt, immer wieder, sie an sich zu ziehen. Auch ihr Gebet will sie nicht mehr selbst verwirklichen, sie bittet, daß Jesus in ihr lebt und in ihr betet. *Das ist mein Gebet, ich bitte Jesus, mich in die Flammen Seiner Liebe hineinzuziehen, mich so innig mit Ihm zu vereinen, daß Er in mir lebt und wirkt* (C 273).

Thérèse wird von Jesus fast magnetisch angezogen. Tag und Nacht verliert sich ihr Herz in Ihm. *Ich glaube, ich habe niemals auch nur drei Minuten lang nicht an Gott gedacht . . . Es ist doch natürlich, daß man an jemanden denkt, den man liebt* (MST 90).

In ihrem Gedicht „Aus Liebe leben" hatte sie geschrieben:
Die Liebenden suchen der Einsamkeit Schleier
für das Einssein der Herzen bei Tag und bei Nacht.

Die Zeit, um in der Nacht zu beten, wird ihr geschenkt, als sie in der Krankenwärterei ist und die Tuberkulose ihren armen Körper zerstört. Wenige Wochen vor Thérèses Tod kommt Céline zu ihr herein und findet sie mit gefalteten Händen und zum Himmel erhobenen Augen vor.
- Was machen Sie denn? sagt Céline zu ihr, Sie müssen versuchen zu schlafen.
- Ich kann nicht, ich habe zu große Schmerzen, so bete ich . . .
- Und was sagen Sie Jesus?
- Ich sage Ihm nichts, ich liebe Ihn! (IGL 252).

Jesus ist ihre Zuflucht inmitten des Gewitters, ihr Licht in der Nacht, ein Stückchen Himmel bereits hier auf Erden:
Es ist mein Himmel, bei Ihm zu sein,
Ihn meinen Vater zu nennen und mich Sein Kind (Gedicht 32).

Übrigens ist für sie das Vater unser ein Gebet von unvergleichlicher Schönheit (C 255). Ihre ganze Spiritualität ist ein lebender Kommentar zu diesen Bitten, die Jesus uns zu beten gelehrt hat. Thérèse lebt wie eine jener *Anawim*, dieser Armen Jahwes, die ihr ganzes Heil von Gott erwarten, wie Maria, eine jener Demütigen und „Hungrigen, die Er mit Seinen Gaben beschenkt" (Lk 1,53).

Deswegen wird Thérèse immer mehr wie Maria. Sie liebt Maria so sehr. In ihrem allerletzten Gedicht versucht sie, dies

noch einmal zu wiederholen: „Warum ich dich liebe, o Maria!"
(G 54). In Maria sieht Thérèse die Mutter und den Prototyp aller
Kleinen, die den „gewöhnlichen Weg" des Glaubens und des
Vertrauens gehen. Nazaret und Lisieux sind einander so nahe.
Wenn Thérèse auch fünfundzwanzig Strophen braucht, um auszudrücken, „wie sehr sie Maria liebt", so sind doch die letzten
Worte des allerletzten Verses die Zusammenfassung von dem
Ganzen: „Ich bin dein Kind."

Achtes Kapitel

DIE GROSSE VOLLENDUNG

Jesus hat gesagt: „Selig, die arm sind vor Gott, denn ihnen gehört das Himmelreich" (Mt 5,3). Thérèse ist, obwohl sie von sich aus arm ist, reich an Gott wegen ihres unbegrenzten Vertrauens. *Alles ist unser, alles ist für uns da, denn in Jesus besitzen wir alles!* (MST 257).

Eine glückliche Frau

Thérèse weiß, daß Gott ihr mit Seiner Gnade immer näher kommt. Gott in ihrem Herzen und ihre Zukunft in Seinen Händen. Sie besitzt alles schon im voraus und erfreut sich daran. Nun, da sie nichts mehr, was endlich ist, ersehnt, weiß sie, daß sie das Unendliche erreichen kann. Es fehlt ihr nichts mehr, und das Wissen um die erbarmende Gegenwart Jesu, nun und auch weiterhin, bewirkt in ihr ein tiefes Glück. Sie ist „allzeit fröhlich und zufrieden" (IGL 79).

Sie lebt jetzt ihr Leben, ganz als würde es von Gott gesprochen, wie den Ausdruck Seiner väterlichen Fürsorge. Sogar im Dunkel ihres Glaubens und im körperlichen Leiden, das sich von Tag zu Tag verstärkt, befindet sich das Innerste ihres Wesens im Frieden und in der Freude. Ihr Lächeln ist bei ihren Schwestern sprichwörtlich; sie fühlen, daß es ihrer Gottesbeziehung entspringt.

In keinem Moment war das Leben für Thérèse wirklich leicht. *Ich habe das Glück und die Freude auf Erden gefunden, aber nur im Leiden, denn ich habe viel gelitten hier auf Erden, das muß man die Seelen wissen lassen . . .* (IGL 134).

Aber nach und nach vollzog sich in ihr eine grundlegende Veränderung:

Während ich in meiner Kindheit in Traurigkeit litt, leide ich jetzt nicht mehr auf diese Weise, sondern in Freude und in Frieden, ich bin wahrhaftig glücklich zu leiden (C 217).

Das Leben des Himmels wird bereits offenbar, das Osterfest hat tatsächlich schon begonnen: *Ich bin gleichsam auferstanden . . . Oh, machen Sie sich meinetwegen keine Sorgen, ich bin soweit gekommen, daß ich nicht mehr leiden kann, denn alles Leiden ist mir süß* (IGL 54).

Angst, Schmerz, die schlechte Gesundheit, ein verletzendes Wort, all dies *berührt nur noch die Oberfläche meiner Seele* (IGL 93).

In ihrem Innersten ist sie in Gott verankert.

Da sie an Gott gebunden ist, fühlt sie sich allem gegenüber frei, was nicht Gott ist, was Gott nicht will. Sie liebt die Bilder, welche Leichtigkeit, Schnelligkeit, den Aufstieg ausdrücken: sie hat „Flügel", sie „fliegt", sie ist wie eine „Lerche" (G 52), die nichts anderes mehr wünscht, als höher hinauf zu fliegen in das unendliche Licht. Dem Zweifel, der Unruhe und der Enttäuschung gelingt es nicht mehr, sie in sich selbst zu verschließen. Weil sie glaubt! *Ja!!! Welche Gnade, den Glauben zu haben! Hätte ich nicht den Glauben gehabt, ich hätte mich umgebracht, ohne einen Augenblick zu zögern . . .* (IGL 217).

Nur noch die Hingabe leitet sie. *Wegen der Zukunft beunruhige ich mich nicht. Ich bin sicher, daß der liebe Gott Seinen Willen tut, das ist die einzige Gnade, die ich verlange* (Brief 221).

Sie lebt den gegenwärtigen Augenblick aus dem Willen Gottes: „Nur heute" (G 5). *Der liebe Gott schenkt mir Mut im Maße meiner Leiden. Ich fühle, daß ich im Augenblick nicht mehr ertragen könnte, aber ich habe keine Angst, denn wenn sie noch stärker werden, so wird Er zugleich auch meinen Mut vermehren* (IGL 164). *Von Augenblick zu Augenblick kann man viel ertragen* (IGL 68).

Oft wiederholt sie ihr Leitwort: „Alles ist Gnade!" In ihrem Herzen wohnt stets die Dankbarkeit. Und der alte, der einzige Wunsch: mehr lieben, immer mehr. Das ist der Grundton ihres Gebetes.

Sicher, sie begeht noch immer ganz kleine Fehler. Doch mit dem gleichen Blick sieht sie die Überfülle der empfangenen Gnaden und ihr ewiges Kleinsein. Aber *seit es mir geschenkt wurde, die Liebe des Herzens Jesu zu erfassen, gestehe ich Ihnen, daß Er alle Furcht aus meinem Herzen vertrieben hat. Die Erinnerung an meine Fehler demütigt mich, veranlaßt mich, mich nie auf meine eigene Kraft, die nur Schwachheit ist, zu stützen, aber mehr noch spricht mir dieses Erinnern von Barmherzigkeit und Liebe. Wie sollten auch, wenn man seine Fehler mit ganz kindlichem Vertrauen in die verzehrende Glut der Liebe hineinwirft - wie sollten sie nicht unwiderruflich verzehrt werden?* (Brief 247).

In der Perspektive dieses grenzenlosen Vertrauens bleibt kein Platz mehr für das Fegefeuer. Außerdem nennt sie es ihre „geringste Sorge" (Apostolischer Prozeß 1164). Obwohl sie sich nicht einmal würdig fühlt, dorthin zu kommen, kann sie sich nicht vor ihm fürchten, da sie weiß, daß *das Feuer der Liebe heiligmachender ist als das des Fegefeuers* (A 187).

In der Erinnerung, daß die Liebe die Menge Sünden bedeckt (Ps 10,12), schöpfe ich aus dem ergiebigen Bergwerk, das Jesus vor mir geöffnet hat (C 237/238).

Es ist interessant, drei Sätze Thérèses, die sie in verschiedenen Augenblicken ihres Lebens geschrieben hat, zu vergleichen. Im Jahr 1889 schrieb sie als Novizin: *Beeilen wir uns, unsere Krone zu gestalten* (Brief 94).

Vier Jahre später sagt sie bezüglich ihrer Bemühungen zu lieben: *Es geschieht nicht, um mir einen Kranz zu erwerben* (Brief 143). Im Jahr 1897, also wieder vier Jahre später, bekennt sie: *Nicht ich habe mir eine Krone erworben, sondern der liebe*

Gott hat sie gemacht (Letzte Gespräche 690).

Auf dem Weg zum Leben

Die Zeit ist gekommen, sich mit Gott zu vereinen. Der Wunsch Thérèses ist zu seiner vollen Reife gelangt, die Erhörung nahe.

Alles ist so schnell gegangen. Thérèse war darauf gefaßt. *Nie bat ich den lieben Gott, jung zu sterben, das wäre mir als Feigheit erschienen, aber Er gab mir von Kindheit an die innere Überzeugung, daß mein Lauf auf Erden kurz sein würde* (Brief 258).

Deshalb war sie so drängend darauf bedacht, intensiv zu leben. Als Novizin und in der Schule des Leidens schrieb sie: *Das Leben ist ein Augenblick zwischen zwei Ewigkeiten* (Brief 87).

In ihrem Herzen hat sie viel über Zeit und Ewigkeit nachgedacht. Das Leben erschien ihr als ein Geschenk Gottes, aber auch als eine Verantwortung mit wichtigen Folgen: *Das Leben ist ein Schatz . . . Jeder Augenblick ist eine Ewigkeit, eine Ewigkeit von Freude auf den Himmel, eine Ewigkeit, Gott von Angesicht zu Angesicht zu sehen, nur eins mit Ihm zu sein! . . . Es gibt nichts außer Jesus, der ist; alles übrige ist nicht . . . Lieben wir Ihn also bis zum Wahnsinn, retten wir für Ihn Seelen* (Brief 96).

Wir sind größer als das ganze Weltall, eines Tages werden wir selbst ein göttliches Dasein führen (Brief 83).

Das war die Vision des Frühlings, und es ist auch die Vision des Herbstes - die Dinge sind hier nur in einem ruhigeren Ton ausgedrückt.

In dem Augenblick, da ich vor dem lieben Gott erscheine, verstehe ich mehr denn je, daß nur eines notwendig ist: einzig und allein für Ihn zu arbeiten . . . Ich möchte Ihnen tausend Dinge sagen, die ich verstehe, weil ich am Tor zur Ewigkeit stehe, doch ich sterbe nicht, ich gehe ins Leben ein, und alles, was ich Ihnen hier nicht sagen kann, werde ich Ihnen vom Himmel her verständlich machen (Brief 244).

Mehr denn je hat Thérèse den Blick eines Kindes. Ihre geistige Reife offenbart sich in der tiefen Einfachheit, mit der sie in allem einen Widerschein des göttlichen Lichtes sieht. Und, wie Han Fortmann es an der Schwelle des Todes sagte, „ist das Licht vielleicht in den Entscheidungsstunden des Todes zugänglicher als im engen Kreislauf des Alltags, wenn man noch nicht an den Tod denkt. Es gibt so viele helle Dinge in unserem Leben: den Frühling, die Mimose, die Amsel, Mozart, die Liebe, den Wein, die Augen des Freundes, den Tanz. Sind sie für das „Helle und Große Licht" eine Konkurrenz? In der noch nicht gereiften Erfahrung, ja. Die Freude an diesen Dingen ist offensichtlich. Das Große Licht muß erst entdeckt werden. Die Seele muß sich daran erinnern, daß die kleinen Lichter ihren Ursprung in dem Großen Licht haben. Für die Kinder ist das manchmal ganz selbstverständlich." (Han Fortmann, Oosterse Renaissance).

Ist Thérèse bereit zu sterben? Ja und nein. Da sie von allem losgelöst ist, ist sie bereit, alles zu empfangen: *Da ich mich bemühe, ein ganz kleines Kind zu sein, brauche ich keine Vorbereitungen zu treffen. Jesus wird selbst alle Reisekosten und den Eintritt in den Himmel zahlen müssen!* (Brief 191).

Aber in anderer Hinsicht ist sie nicht bereit, nicht würdig, sich dem Allheiligen Gott zu vereinen, und sie weiß, daß sie es aus eigener Kraft auch niemals sein wird . . . *Ich bemühe mich, aus meinem Leben einen Akt der Liebe zu machen, und es beunruhigt mich nicht mehr, daß ich eine kleine Seele bin, im Gegenteil, ich freue mich darüber. Deshalb wage ich zu hoffen, daß „mein Exil kurz sein wird", aber nicht, weil ich bereit bin; ich fühle, daß ich es niemals wäre, wenn nicht der Herr selbst mich verwandeln wollte. Er kann es in einem Augenblick tun; nach all den Gnaden, mit denen Er mich überhäuft hat, erwarte ich noch eine Seiner unendlichen Barmherzigkeit* (Brief 224).

Da sie vor der Unmöglichkeit steht, der Liebe Gottes auf Erden jemals entsprechen zu können, ist die Sehnsucht nach dem Himmel in Thérèse schon lange erwacht. Dort würde sie Gott mit der Fülle Seiner eigenen Liebe lieben können. Dort würde sie Ihn ohne Grenze und ohne Abstand lieben können, wie sie es sich hier auf Erden so sehr ersehnt hat.

Schon als Novizin hat sie geschrieben: *Wie sehr dürste ich nach dem Himmel, wo man ohne Vorbehalt Jesus liebt* (Brief 79).

Nun, drei Monate vor ihrem Tod, sagt sie: *Was mich zur himmlischen Heimat zieht, ist der Ruf des Herrn, ist die Hoffnung, Ihn endlich zu lieben, wie ich es so sehr gewünscht habe, und der Gedanke, daß ich eine große Zahl von Seelen Ihn lieben lehren darf, die Ihn ewig preisen werden* (Brief 254).

Denn sie hat die süße Gewißheit, daß sie vom Himmel aus weiterhin ihr Apostolat auf Erden ausüben wird können.

Ich fühle, daß ich in die Ruhe eingehen werde . . . Vor allem aber spüre ich, daß meine Sendung anfangen wird, meine Sendung, den lieben Gott so lieben zu lehren, wie ich Ihn liebe, den Seelen meinen kleinen Weg zu zeigen. Wenn der liebe Gott meine Wünsche erhört, werde ich meinen Himmel bis zum Ende der Welt auf Erden verbringen. Ja, ich möchte meinen Himmel damit verbringen, auf Erden Gutes zu tun (IGL 110).

*

Mit ihrer Sehnsucht nach dem Himmel ist ihre wachsende Erwartung des Sterbens aus Liebe verbunden.

Ich verlasse mich nicht auf meine Krankheit, um ins Paradies zu kommen, sie ist mir eine zu langsame Führerin. Ich verlasse mich nur noch auf die Liebe. Bitten Sie den gütigen Jesus, daß alle Gebete, die für mich verrichtet werden, das Feuer nähren, das mich verzehren soll (Brief 242).

Seit dem Beginn ihres Ordenslebens hat sich Thérèse für die Worte des heiligen Johannes vom Kreuz in seiner Lebendigen Liebesflamme begeistert:

Es ist von größter Bedeutung, daß die Seele die Liebe viel übt, damit sie, indem sie sich schnell verzehrt, nicht mehr auf Erden verweilt, sondern auf direktem Weg dazu gelangt, ihren Gott von Angesicht zu Angesicht zu schauen.

Und mit ihm hat sie gebetet: *Zerreiße den Schleier dieser süßen Begegnung.*

Als sie sich später immer mehr der Ohnmacht ihrer Liebe bewußt wird, betrachtet sie diesen Liebestod als einen Augenblick, in dem sich alle Liebe in einem höchsten Akt der Hingabe zum letzten Mal sammeln wird.

In ihrem „Akt der Hingabe an die barmherzige Liebe" hat Thérèse gebetet, daß sie in einem Martyrium der Liebe sterben möge. Wir finden dieses Gebet öfters wieder. Allerdings hat es eine tiefgreifende Entwicklung durchgemacht. Zu Beginn erwartete sich Thérèse eher ein Sterben wie in den Beschreibungen des heiligen Johannes vom Kreuz: „in wunderbarer Verzückung und in einem köstlichen Aufschwingen, das ihnen die Liebe verleiht". Aber in der Nacht ihres körperlichen und geistlichen Leidens sieht sie wenig von „Verzückung" und „Aufschwingen" . . . Ihre Sicht vom Sterben verändert sich hier. Das Wesen des Liebestodes bleibt, aber die Art wandelt sich. Sie betrachtet oft den Gekreuzigten und begreift schließlich:

Unser Herr ist in Todesängsten am Kreuz gestorben, und doch war es der schönste und der einzige Liebestod, den man je gesehen hat. Aus Liebe sterben, heißt nicht, in Verzückung sterben (IGL 78).

Schließlich wird sie sagen, daß der Liebestod, den sie sich wünscht, der „Tod Jesu am Kreuz" sein solle. Und dieser Tod wird der ihre sein.

Mein Gott, ich liebe Dich

Am Abend dieses Lebens werde ich vor Dir mit leeren Händen erscheinen.
Mit leeren Händen. Weit geöffnet für Gott. *Wenn ich vor meinem viel-geliebten Bräutigam erscheine, werde ich Ihm nur meine Wünsche darzubieten haben* (Brief 218).

Nun ist die Stunde gekommen. Der 30. September 1897.
Im Lauf des Nachmittags sagt Thérèse: *Mir will scheinen, ich habe immer nur die Wahrheit gesucht; ja, ich habe die Demut des Herzens verstanden . . . Mir kommt vor, daß ich demütig bin.*

Ein bißchen später: *Ich bereue nicht, daß ich mich der Liebe ausgeliefert habe. Oh nein, ich bereue es nicht, im Gegenteil!*
Es ist neunzehn Uhr und einige Minuten. Warum geht die Sonne unter? Thérèse spricht ihre letzten Worte: *Mein Gott, ich liebe Dich . . .*
Sie stirbt.

Und dann steht sie endlich Gott gegenüber! Die Liebe nimmt sie ganz in Besitz. Weit wie der Ozean. Strahlender als die Sonne. Freude ohne Maß, Leben ohne Ende - mit Maria und allen Heiligen. Gott, alles in allem!
Die Hoffnung hat ihr Werk vollendet.

P. Antonio Sagardoy

DIE SEELENBURG

Bilder der Mystik

ELISABETH VON DER DREIFALTIGKEIT

DER HIMMEL IST IN MIR

Gesammelte Werke - 1. Band

Teresa de Los Andes

In Liebe leiden

TAGEBUCH

GOTT hat mich überwältigt

Die Autobiographie der heiligen Teresa von Avila

ausgewählt und übertragen von
P. Antonio Sagardoy OCD